U0097717

起 造
文化家園

向陽文化評論集

〈自序〉
見證混亂年代的台灣

　　一九八二年六月，我進入台灣本土報社《自立晚報》，擔任藝文組主任兼副刊主編，從此開始了文學創作之外的新聞媒體生涯。藝文組主任負責帶領藝文記者報導文化新聞；副刊主編負責「自立副刊」編務，編輯文學版。這兩個工作對當時才二十七歲的我來說，都是重責，我戰戰兢兢，努力學習，希望能在八〇年代《聯合報》、《中國時報》兩大報所掌控的文化氛圍中，走出一條有別於兩報副刊而又能獨樹台灣精神的副刊之路，經由本土特色的彰顯，在戒嚴年代國民黨控制下的重重束縛下，為台灣讀者提供台灣文學家與文化工作者的創作和論述。

　　那是一段艱困的歲月。一九七七年的鄉土文學論戰餘悸猶存，一九七九年美麗島事

件的傷痕還在，除了風起雲湧的黨外雜誌仍在不斷遭到查禁、停刊的打擊下苦鬥之外，報紙媒體大約僅有《自立晚報》、《民眾日報》、《台灣時報》三家站在台灣本土立場發聲；《自立晚報》由日治年代就參與《台灣民報》系工作的吳三連先生擔任發行人，此時的社長吳豐山先生、總編輯顏文閂先生戮力改革，朝氣十足，儘管威權統治者的壓力甚大，報社財務窘迫，但全社上下抱著要辦好一份台灣人的報紙的理念，還是克服了困難，到一九八八年報禁解除，《自立早報》創刊，已經躋身為國內三大報系之一，儘管短小卻十足精悍。

報禁解除前，我擔任副刊主編約有五年半之久，在《自立晚報》早已建立的本土報業基礎上，我努力延續自日治時期以來就存在的台灣文化、語言與文學脈絡，邀請鄉土文學論戰之後發表園地日漸減少的作家提供作品；同時也通過策畫專輯、專欄，突出台灣文學、語言和文化特色。我印象最深刻

的是，請莊永明兄長期撰寫「台灣歷史上
的今天」，介紹歷史上的台灣人、台灣事，
每天連載，達兩年左右；邀請台語研究者陳
冠學、洪惟仁、許成章、鄭良偉、許極燉等
先生撰寫台語研究專欄或專文，也特闢台灣
話文專欄，發表在那個年代無地發表的台語
文學作品；除此之外，開闢「文學月報」報
導台灣文壇訊息、「出版月報」報導出版與
閱讀、「民俗月報」鼓吹台灣民俗整理與研
究、「攝影月報」則提供當時新起的報導攝
影家記錄台灣的圖像……。我期許自己做一
個小園丁，搬磚運石，突破中國文化霸權的
宰制和威權統治的檢查，留存台灣的聲音。
這當中也遭遇過挫傷，一九八四年三月十三
日，副刊因為登出林俊義教授專欄一篇名為
〈政治的邪靈〉的文章，被停刊一日，我隨
即遭警總約談，其後調查局每月一次來社訪
談。此外，郵件檢查也從未間斷，葉石濤先
生某次以限時郵件寄稿，我收到時發現信封
底部有拆過痕跡，比對郵戳，已是一個月前

發生「五二〇事件」，當時爭取權益的農民
北上請願遊行，國民黨強力鎮壓，爆發警民
衝突，持續近二十小時，時任早報總編輯的
我，為了翔實而真確地記錄這場歷史事件，
在辦公室內等待前線記者回報、改版增印，
直到第二天上午晚報編輯部上班，將事件相
關發展交代晚報總編輯之後，方才下班，不
眠不休工作了二十小時。而在這個階段，編
輯檯每到截稿前，常會接到來自國民黨文工
會的電話，囑託這或「指示」那，不過由於
《自立晚報》的報性，已經可以權衡輕重，
不加理會了。

一九九一年我轉任總主筆工作，負責報
社筆政並撰寫社論，這才開始了非常密集而
即時的社論撰寫生涯，由於對於政治、兩岸
關係和台灣文化教育議題的關注，我的政治
評論和文化評論生涯也由此展開，迄今從未
間斷。總主筆期間，報社聘有社外主筆，都
是台灣重量級自由主義學者，輪值撰寫每日
所需社論，遇有緊急突發事件，則由我抽換

撰寫社論，因此培養了我短時間內即可完成
評論的回應能力；但更重要的是，每日拜讀
這一群涵括政治、憲法與法律、社會學、經
濟、財政、中國問題的學者所撰社論，因而
也擴大了我的閱讀領域、增進了我對公共事
務的理解，並學習到他們在不自由的言論環
境中秉筆直書的勇氣。

　　那樣一段艱困的「自立歲月」，是我這一
生最珍貴的能源、也是最珍惜的記憶。做為
戰後台灣出生的一代，我接受了最完整的國
民黨黨國意識形態教育，從國小到大學，早
已被灌輸了一套黨國一體的意識形態，在中
國文化霸權的宰制下，以「龍的傳人」自
居，只認得長江黃河，不識濁水和淡水，對
於威權獨裁者也存著無知的崇拜──這樣的
無知狀態，要到我開始創作台語詩時，因為
自修台灣歷史、民俗和台語知識，才有所轉
變，發現所受教育內容的扭曲，但仍缺乏自
信；鄉土文學論戰和隨後的美麗島事件，使
我在檢視論戰文章和美麗島大審新聞之際，

認知到台灣文學家和政治家共同面對的壓抑和迫害，因而覺醒，並建立自己的台灣想像。進入《自立晚報》之後，從副刊編輯到報社總編輯、總主筆的這一連串工作歷程及歷練，則因為必須直接面對國民黨黨國意識形態機器，因而建立了以台灣價值為核心的論述體系。戒嚴年代《自立晚報》立基於本土，強調政治民主、經濟繁榮、社會公道和文化發展的四根立柱，從而也成為我此後評論的基點，環繞著以台灣為主體的周邊。

從二十七歲青壯之年進入《自立晚報》至今，四分之一個世紀過去，我的文學創作、評論論述，都以建立台灣主體文化為思考。一九八五年九月，我與剛從美麗事件服刑出獄的小說家楊青矗兄同行，應邀到美國愛荷華大學參加國際寫作計劃（International Writing Program），八月底出國，十二月初返國，三個月內，我們接觸了眾多海外台灣同鄉和政治領袖，他們都是國民黨的眼中釘，以「黑名單」為名。在王育德先生寓居

雪在一棵小樹旁
流淚。雪在一棟
屋子前流盪。雪
在一扇窗子前流
散。雪在一把椅
子下流離。雪在
一片田野裡流浪
。雪在一道河川
內流失。雪在一
個人心上流血。

　　這首詩中的「流淚」、「流盪」、「流散」、
「流離」、「流浪」、「流失」、「流血」，喻示
的正是國民黨威權統治年代台灣人民共有的
感覺結構。我也難忘楊青矗兄在美國愛荷華
訪問第三世界國家作家、不眠不休，勤惺以
繼，他總計訪問了二十五個國家的三十位作
家，積稿盈尺。要回台前夕，青矗兄擔心原
稿被海關沒收，影印了五份，一份寄回台灣
家中，一份留在愛荷華台灣人家中、一份寄

洛杉磯友人處，一份隨身攜帶，一份置我行李，為的只是預防遭到沒收——在那個威權暗夜的年代，有人因為要求台灣民主自由，流離海外，失去回家的自由；作家出國，訪問作家，要擔心訪問稿被警總沒收。一九八五年的大雪，不僅在美國以及全世界台灣人的心頭下著，也在台灣作家的心中罩著。這年我三十歲，這段海外親身體驗，讓我了解國民黨威權統治不但在台灣，也及於全球有台灣人的所在。

一九九四年，《自立晚報》系因為資金無著轉手經營，我的媒體生涯到此告一個段落，但是社論、政治評論和文化評論則一直沒有中斷過。十多年來，《自立晚報》之外，我曾先後為《台灣時報》、《大成報》、《勁報》、《台灣日報》撰寫社論，為《自由時報》、《中國時報》、《時報周刊》撰寫專論、專欄。其中我撰寫最久的，是為《台灣日報》撰寫社論的時光，計達六年之久，直到二〇〇六年該報停刊，這一份繼《自立晚

報》之後強調台灣價值的報紙，最後也繼
踵《自立》之後停刊，最讓我神傷。《台灣
日報》上下多是我在《自立晚報》工作時的
上司或同仁，社論撰寫雖然是經過該報發行
人和編輯部討論後訂題，再委我撰寫，但由
於論述理念和共識一致，我每週撰寫一篇，
相當順心，彷彿《自立晚報》重生，而有繼
續闡述台灣價值的榮耀感；在《自由時報》
撰論的則是「星期專論」，這個專欄由四到
五位專欄作家輪流執筆，大概每個月撰寫一
篇，資深報人俞國基先生為謙謙君子，容我
依據個人對文化相關議題大幅論述，使得居
於邊陲的台灣文化議題也可躍登公共論壇，
尤讓我感佩。

在報章上發表的評論文字，必須依據新
聞事件提出論述，因而提供給我長期觀察台
灣政治與社會的機會；伴隨著我長達九年的
博士修業期間，傳播理論和新聞事件相互參
照，台灣政治變遷和文化論域共同對話，做
為學術研究者，或者做為社會觀察者，我在

不斷學習的過程中，也在台灣快速改變的政治環境中，印證所學、評論社會。從形式上看，我已經隨著《自立晚報》的熄燈而離開媒體；就實質來說，我的媒體論述與台灣社會見證仍在持續中。

收在《守護民主台灣》和《起造文化家園》這兩本評論集的論述文字，就是離開《自立晚報》之後，近八年來我為報社社論、專欄所撰寫的部分評論。檢視兩書所撰，八年來跌宕於我心頭之上的，無非台灣的國家前途和文化重建課題。這些課題，以議題為脈絡，加以整理，論述範疇大約不外兩大部分：一為政治評論，二為文化評論；細分之下，政治評論集中在台灣與中國關係、國內藍綠政治衝突，以及弱勢與強勢之間的公義問題；文化評論則集中於文化、教育與媒體三端。

我的第一本時事評論集，於一九九五年在我的故鄉南投縣文化中心出版，名為《為台灣祈安》，距今已過十三年。《為台灣祈安》

所收都屬我在《自立晚報》、《自立早報》時
期所撰社論、短評和專欄文字,分「文化與
本土」、「教育與學術」、「媒體與言論」、「族
群與認同」、「社會與生活」等五輯。我重新
翻檢當年論述,要求「落實本土化的文化
政策」、「把母語還給母土」,主張「公開官
方檔案密櫃還青史本貌」、「教育、文化需要
徹底地解嚴」,質疑「在所謂『鄉土』中,
台灣在哪裡」,呼籲媒體為台灣的「新聞自
主而走」,主張建立以「台灣優先」為原則
的國家共識、「多元族群共治共和」、「拆掉
籬笆、共享藍天」,提醒政府「還原住民本
我」……等等論述,對照十三年後輯成的這
兩本評論集,我感慨春秋易逝、時光催人,
算來我已評論政治和文化,累近二十年。諤
諤之言,一如風中落葉,戒嚴年代主張的、
呼籲的問題,迄今依然存在,未見解決,文
字的力量,顯然微薄、脆弱;但另一方面,
以近二十年時光為台灣民主和文化發展發
聲,我從未氣餒,也從不懈志,儘管這些文

字只是混亂年代中一個小知識分子的見證。
讀者若有興趣了解我的論述心路，無妨找來
《為台灣祈安》參照閱讀。

這兩本評論集同時出版，因此共用此序。
從一九八二年進入《自立晚報》服務至今，
二十六年光陰，我的生命歷程大約如上述。
我有幸在青壯之年進入《自立晚報》，認同
其精神，濡染其理念，從副刊編輯到社論主
筆，從戒嚴年代到解嚴年代，見證台灣政治
和社會變遷最急遽、最轉折、也最壯麗的史
頁；又有幸以蹇澀之筆參與其中、議論其
下，歷練成長，建立自己的論述體系，且還
能依照自己的興趣生活，不必折腰，雖然偶
有困挫、憂傷和打擊，信念不易，也從未被
權力、浮華所動。這是這兩本評論集的寫作
背景，謹提供兩書讀者參考。

二十六年來，我一直沒改變的，是堅信
台灣是台灣人的台灣，這無關乎民族主義，
而是民主自由體制必然的結果；值得憂心的
是，台灣的民主政治需要更堅實的文化做為

後盾，但截至目前為止，台灣文化重建顯然還有一段漫長的、艱困的路途要走！

另一個我從沒改變的，大概是讀書和寫作生活。我讀文學、讀政治評論、讀西方學術理論、讀台灣史和相關台灣研究書籍，加上興趣廣泛，也讀各類雜書；寫作則以新詩、散文創作、政治文化評論為主，再加上學院內的學術研究和論文撰寫，「寫」已經成為我的日課，我以書寫為生命，也以書寫為最微薄的社會實踐，向我生身其中的台灣，我縈心的這塊美麗土地說最細碎的話，希望這些微言能提供不斷向前的台灣社會一些參考，盡一個小知識分子最綿薄的力量。

最後，要感謝從大學時代就相熟的前衛出版社林文欽社長，他的邀稿，使我得以整理這些可能飄散風中的書稿。文欽兄與我同年進入文化學院讀書，以都喜愛文學而為文友，因同租面對紗帽山的民房而為室友；也因在大四那年嘗試創辦未能出刊的《大學文藝》而相知。畢業退伍後，我由海山卡片、

《時報周刊》進入《自立晚報》；文欽兄則
先在三民書局服務，其後創辦前衛出版社，
在最暗黑的戒嚴年代，走最寂寞、最艱辛的
台灣本土出版之路，從八〇年代點亮燭火至
今，一燈獨照，依舊發光，對台灣文化的貢
獻既深且大。我的評論集《守護民主台灣》
和《起造文化家園》能在他邀請下列入「新
國民文庫」出版，乃是我的榮幸。

向 陽

2008/02/13 南松山

目　錄

二 教育

一

文化

Culture

1
為即將滅絕的邵族
說些話

　　九二一集集大地震發生至今一個多月了，救災工作也暫告一個段落，雖然日前又發生了嘉義大地震，但幸無死亡，依據集集大震的處理模式，大概也很快可以進入重建階段。目前朝野之間對於緊急命令、行政院與立法院的互動關係、中央與地方關於學校重建的種種爭議，都有不同看法，重建速度該快或者該慢，也有不同見解。在這些爭議盈庭的喧嘩聲中，絕少注意到台灣最小最弱的民族邵族已經面臨生死存亡之秋，較諸於台灣的瀕臨滅絕動物所受到的國家保護尤且不如。

我們要特別鄭重地向這個以漢人為主體的社會提出警告與呼籲，為他們——整個族群人數比一個社區小學人數還少，總人數不超過兩百九十人，標記著台灣原住民未來命運象徵的邵族，向台灣朝野重重地說些話。

根據報導，目前居住在南投縣日月潭畔的邵族原住民，在大地震後為了保留並延續邵族文化命脈，已重新回到祖居地 PUZI 半島，舉行傳統儀式，要求政府將他們的祖居地歸回給他們，讓邵族成立部落自治文化園區，誓言不達目的絕不中止。

這則新聞並不起眼，被刊登在報紙的角落中，電視新聞甚至更少關心。一個民族瀕臨滅絕的危機，居然比一群立委為了委員會多出一根籤的芝麻小事還不被重視，這豈不令人憤怒？

一個少數民族的即將消失，比起學校建築該由中央統籌或者該由地方主導，孰輕孰重？

　　一個台灣原住民族的生存危機，比起嘉義
地震要不要另外發布一個緊急命令，孰輕孰
重？

　　一個象徵著台灣所有原住民未來的族群的
存亡恐懼感，比起大地震帶給所有漢人的地
震恐懼感，孰輕孰重？

　　然而，我們的政府，我們的反對黨，我
們的國會，我們的媒體，我們的所有要參選
總統的候選人，乃至我們的學者，我們的社
會，注意到了邵族這個即將從台灣消失的少
數民族沒有？關心到以邵族為首的台灣原住
民族存續的艱難與滅絕危機沒有？

　　我們關心日月潭的觀光發展，準備將日月
潭改為國家公園，儘快恢復日月潭的風光與
觀光，卻無視這塊土地上真正的主人命在旦
夕。我們關心道路、橋樑、建物、家宅的破
損，卻蔑視一個在台灣土地上生存數千年的
民族生存、文化的存續以及維持。而後者不
管從民族學、人類學、文化，乃至最單純地
從族群的角度來看，都絕對千倍萬倍嚴重於

觀光發展、道路交通，朝野各界可曾意識到這樣一個較諸於梅花鹿、台灣彌猴更少的民族之即將消失的嚴重性？

因此，邵族族人的憤怒，台灣社會必須傾聽；邵族要求重返祖居地 PUZI 的誓願，目前擁有這塊林地的政府應該同意歸還；邵族要求成立部落自治文化園區的想法，朝野均應無條件協助促成。只有將以邵族存亡為象徵的原住民族的生存權與文化權列為當前急迫的要務，而後我們才可能為台灣真正建立一個族群共存、文化共生的明日。也唯有如此，台灣各個族群與我們世代子孫的明日，方才可以免於絕滅的恐懼。

想想看，萬一邵族絕滅，下一個絕滅的會是那個族群，再下一個呢？

（1999/10/25，自立晚報「社論」）

2

檢驗大甲媽進香活動
的隱憂

　　大甲媽祖南下繞境進香活動從四月九日
凌晨起駕，經八天七夜，已於十六日回鑾。
這場兼有台灣宗教與民俗文化意味的盛會，
在電子媒體全程報導下，已成為每年農曆三
月台灣的重大慶典，其中展現出來的正負面
意義所在皆有，值得我們在熱情過後加以檢
討。

　　我們對於台灣民間的媽祖信仰，基本上抱
持樂觀其壯大、期許其成熟的態度。媽祖信
仰與台灣移民社會及文化的關聯相當密切，
它隱含了三四百年前閩粵漢人告別原鄉，橫
渡浪濤洶湧的「烏水溝」（台灣海峽）來台墾
拓的集體記憶；也彰顯台灣先民面對艱險橫

逆、命在旦夕的集體危機,因而以媽祖及其傳說做為信仰依賴,祭祀立廟,在此海島落地生根。因此,媽祖信仰不但與台灣移民史不可分割,也具有深沉的本土文化傳承意義。這是大甲媽祖進香活動可貴之處。

不過,理性觀察這次大甲媽祖繞境進香活動,卻也浮現著令人擔心的現象與隱憂。過去戒嚴年代中,民間信仰乃至宗教(如一貫道)均受政治力抑壓,導致本土宗教發展匪易,要不凋零破碎,就是與底層社會相互結合,在鄉野民間淡土發展,大甲鎮瀾宮由地方小廟發展到今天的舉足輕重,正好印證了台灣民間信仰一路走來的坎坷路途。這足以提醒台灣社會珍惜媽祖信仰傳承的不易,但更足以警惕台灣社會,應該避免宗教與民間信仰的高度政治化,才能維護其純粹性。

遺憾的是,這次大甲媽祖進香活動卻充滿弔詭而濃厚的政治氛圍。不只因為鎮瀾宮主事者顏清標本身就是政治人物,在總統大選時多次混淆媽祖與政治的關係,也可從諸多

政治人物介入進香活動看出端倪。加上鎮瀾宮多年來推動大甲媽回湄洲進香，以媽祖信仰為突破兩岸直航的著力點，更使本來單純的媽祖信仰沾上「認祖歸宗」的政治義理，逐漸遠離先民來台墾拓，落地生根的文化意涵。政治力介入媽祖信仰，反而容易導致媽祖信仰邊緣化，減損其神聖性、崇高性。這是大甲媽進香活動的隱憂之一。

其次，大甲媽祖進香活動已歷百年，從清朝年間歷經日治時期迄今，卻未能發展出成熟的宗教或文化內涵，也不無可惜。觀看進香過程中的儀式、陣仗或裝扮服飾，不難發現活動固然熱鬧，過程卻嫌傖俗粗糙，莊重不足。而媽祖進香和歷史（先民渡海來台，開荒墾地）、傳說（媽祖保佑海上平安）的關聯也未見強調，甚至連起駕回鑾的儀式也有簡陋不文之感。這種傖俗化，使媽祖信仰仍難提昇到一定的宗教水平，文化薪傳意義也就相對淺薄。這是隱憂之二。

最後，我們也要指出，電子媒體卯勁轉播媽祖繞境活動，提醒國人關切本土媽祖信仰，當然有其正面的功能；唯不問輕重，鎮日轉播，則值得商榷。這次大甲媽祖繞境，電子媒體在商業考量下競相轉播，無日無之，是否剝奪了閱聽公眾關注其他公共事務的權利，乃是必須斟酌的社會責任；而轉播過程除了一味播報熱鬧場面之外，嚴重缺乏對於媽祖信仰歷史與文化的解說，則糟蹋了媒體本可發揮的教育功能。這種市場、娛樂取向的現場轉播，恐怕只會帶來媽祖信仰的娛樂化，而沖淡它深層的宗教與文化意涵。這也是值得檢討的隱憂。

（2000/04/19，台灣日報「社論」）

3

政治人物面對歷史
必須更加謙卑

——冷眼看《台灣論》風波中
大小政客的荒唐走秀

　　因為日本漫畫家小林善紀作品《台灣論》牽扯出「慰安婦」議題造成的風波，日來愈演愈烈。朝野政治人物紛紛指責總統府資政許文龍在該書中的談話「言論不當」，加上主流媒體的渲染、婦女團體的抗議，一個本來可以訴諸史實調查的歷史公案，已經隱然醞釀出夾帶有強烈民族主義激情與政治鬥爭意圖的風暴，既模糊了歷史真相，也讓慰安婦議題的主軸走調。這種發展方向的偏斜，相當可憂，朝野各界均應有所警覺。

對於小林善紀基於日本人身分傳揚日本精神的重拾，我們並不表贊同；對於許文龍閒聊時提到他個人對慰安婦問題的看法，我們也持保留態度。但是我們必須強調，無論如何，《台灣論》終究只是一本日本漫畫家的書，不是日本政府的決策；許文龍如何看待慰安婦，終究只是他個人的感覺，不是台灣當局的官方觀點。小林善紀有宣揚日本精神的自由，許文龍有表達個人歷史感覺的權利，這是多元民主開放社會可貴之處，「我完全不能贊同你的看法，但我誓死擁護你說話的權利」，正是理性民主社會最可珍惜、最須衛護的核心。

遺憾的是，近日來的《台灣論》風波發展，除了婦女團體與女性主義者能夠就事論事，針對慰安婦議題提出具有說服力的辯駁之外，包括少數民進黨立委在內的朝野立委，卻以對日治台灣史有限的認知、對政治鬥爭和新聞聚焦特別敏感的風向嗅覺，演出了荒唐而無益於國計民生的走秀。幾天來，

我們看到新黨立委馮滬祥率群眾到書店和出版社前焚書，要求書店停賣、出版社斷印；我們看到在野聯盟立委擺著二二八補償條例以及眾多法案不審，煞有介事召開記者會，抨擊許文龍「不配當台灣人」，要求陳總統「與日本軍國主義份子劃清界限」，免除許的資政，禁止《台灣論》販售；我們也聽到民進黨立委沈富雄要求許文龍請辭資政「以免連累總統」的泛政治荏辭。

這些政客人人彷彿上帝，義正辭嚴指責許文龍「扭曲事實，汙衊慰安婦，汙衊台灣人」，卻從未具體地提出史實加以佐證，只一再訴諸慰安婦的悲哀和民族主義；這些政客平常呼號自由、民主，也曾為中國政權傳揚旨令，如今卻率眾焚書阻售不足，還厚顏要求政府「依法」禁止一本書的販售；這些政客面對北京當局宣告「中華民國已經亡國」時默爾不語，卻有臉指責一個日本人寫的書「出賣中華民國國格」；這些

立委多數都還沒看過《台灣論》的內容，卻狂妄地以法制委員會的集體權力，界定一個曾遭日本統治的老人的親身體驗是「不當言論」……。像這樣根本把歷史擺到一邊，既不論事實，也不向相關歷史學者請教、聆聽的立法院，難怪會被民間視為亂源；像這種把言論與出版自由視若無物，集體剝奪一個老人的回憶及言論權的政客，恐怕更需要自我檢點。

冷靜觀察數日來《台灣論》風波及其發展，我們不能不表示憂心。一個國家與社會，如不能容忍不同年代、不同族群、不同立場者的異見，非得去之而後快，這樣的國家有何民主可言？這樣的社會與蠻荒叢林何異？一個政治人物，如果不能謙卑面對歷史，理性思辨，這樣的政客只會給社會帶來更大的偏執與沉淪、更多的無知與仇恨。二二八悲劇的發生，就是一個借鏡。因此，我們要力排主流媒體掀起的狂潮，譴責這些荒

4
達賴喇嘛來台弘法
的智慧啟示

　　達賴喇嘛來台弘法，雖然受到中國當局以藏獨台獨合流加以批判，但達賴並不因此挫折他對人類普世價值的關懷。在這趟名為「智慧與慈悲之旅」的弘法過程中，台灣社會通過他恢弘、和藹、仁慈又輕鬆平易的弘法，親炙大師根植在佛教教義之上的精采演說，如能體會智慧和慈悲的可貴，則台灣社會的亂象自然可以減於最少，降於最低。

　　達賴的講話，無論是在林口體育館講「新世紀的道德觀」，或是在立法院的演說，都具有特色，他總是以輕鬆隨和、略帶幽默的話語，暢談對世人的關愛，暢談他致力提升人類福祉的信念。在幾場演講中，達賴強調

「地球是人類唯一的家」，無論我們的背景
如何，都有責任關懷人類，關懷地球。他更
指出，我們在關注自己利益的同時，更應該
關注他人的利益。因為「彼此尊重、關懷、
欣賞和容忍，正是人類最可貴的價值」。也
因此，達賴雖然一直應用佛教哲學，但不為
宗教教義所侷限，展現了恢弘的人類一家的
慈悲胸懷。

達賴的談話，對於今天物慾橫流的台灣社
會來說，不啻醍醐灌頂。達賴認為今天的台
灣社會，慾望和物質較多，反而欠缺精神和
心靈的快樂，「要內心滿足必須提升心靈層
次」，只有有愛心與慈悲心的人內心才會快
樂，也才會成為正直、誠實的人，再加上體
諒、關懷別人，人生就更加充實。同時，他
也強調，人要去除瞋恨心，否則只會傷害自
己，失去安樂。達賴的這些見解，對於台灣
當前的亂象之所由起，可說是一針見血，發
人深省。

今天的台灣社會，物質豐富但人心匱乏，利己主義盛行，從政界到常民社會，總是求近利、務虛名，但凡對一己有利的，就無所不用其極，非得爭到不可，但凡對他人有利的，則事不關己、漠不關心，人與人之間缺乏關愛，人與土地缺乏感情，整個社會因此亂象頻出，上自政治的權謀鬥爭，下至社會中的爭名逐利，追求立即福分，卻不種植福田。這種功利主義盛行，利他主義缺乏的社會文化，最易瀰漫嗔恨之氣，朝野政治人物的互鬥、民間省籍族群的劃分、人際關係的疏離，以及對於生養的台灣之欠缺愛惜的心，無一不與此有關。

達賴的弘法，是以他對佛法的潛修，對人道的關懷和人生智慧為基礎，充分展現了他恢弘的國際視野和地球一家的慈悲心靈。達賴自己說他沒有法力，沒有神通，有的只是心靈的提昇，也間接點破了社會中部分人士習佛拜佛、追求神力灌頂，卻又不修持自

性與心靈的病症所在，如他在講心經時說，
「大部分人追求離苦得樂的方式在於透過感
官滿足五慾需求，但往往在五官獲得滿足之
後，內心仍然無法快樂」，即是此義。

我們認為，達賴的弘法之行，相當可以提
供我們的社會深刻啟示。追求物質富裕的同
時，心靈的安頓與安樂更需護持，社會存在
著太多的焦慮和苦悶，是缺乏關懷別人、體
諒別人的心所致，只有去掉自私的我執，無
謂的嗔恨，我們的人生才不會只看到個人，
而能關心整個社會，獲得慈悲喜捨的寬闊天
地。我們希望朝野都能因為達賴的弘法，仔
細檢視自己的心靈，洗滌污穢，則社會必能
安詳和平，充滿喜樂。

（2001/04/04，台灣日報「社論」）

良知的覺醒，才能真正發揮導正的功效。李
前總統則指出，在美國總統布希調整亞洲政
策，對台灣提供有利的外在環境的此時，台
灣應該掌握時機，帶動亞太民主和平力量，
達成穩定政局、振興經濟、鞏固民主和擴大
台灣的四大目標；李前總統也呼籲所有愛台
灣的人民團結起來，共同為建設「新台灣」
出發。

　兩位前後任民選總統的談話主軸，強調的
都是人民的力量，顯現出台灣自總統民選之
後民主文化與民主思維的落實，人民才是國
家的主人，人民的力量才是主導國家發展的
權力來源。我們認為，這才是陳李同台的可
貴之處，也才是台灣北社成立的意義所在，
陳李兩人是人民一票一票選出來的國家元
首，他們重視北社的成立，誠如北社社長、
《自立晚報》發行人吳樹民所說，象徵的是
台灣人民的力量對於北社的期許和鞭策。因
此，單以「扁李 vs. 連宋」或「本土 vs. 非
本土」解釋兩人同台，只是看到表象，而沒

有看到兩位前後任元首與一個論政社團聚焦的核心本質——台灣認同的凝聚，以及歷史新頁的開創。

北社選在日治時代「台灣文化協會」成立八十週年的時刻創社，深具歷史傳承的積極意義。八十年前，台灣先賢在日本統治下成立文化協會，追求的是台灣文化的提昇、國民意識的省覺和台灣主體精神的建立；八十年後的今天來看，這些目標都仍有待完成，北社繼踵其後，接下棒子，延續文化協會諸君子對台灣的愛與承諾、批判與實踐，為開創新台灣而出發，因此非僅是對於當前亂象的不滿，更具有超越一時的政治紛擾，尋求文化提昇與社會重建的嚴肅自許。我們認為，這是值得習慣以政治思考一切公共事務的台灣社會省思之處。

毋庸諱言，台灣自總統民選以來，雖已歷經兩次民主洗禮，並於二〇〇〇年開創首次政黨輪替的成果，然而選後迄今，保守勢力依然無法接受人民的選擇，事事反對，導

致政治亂象頻繁，國家政務難以推動，一年
來內部自我消耗，力量抵銷，表現在社會部
門，也使得整個大環境因此動盪難安。政黨
已經輪替，但既得利益團體的權力思維絲毫
沒有改變，社會主流價值遭到嚴重踐踏。這
應該也是促成北社繼南社、中社成立的要
因，台灣已經獲得了民主的形式，卻缺乏民
主的文化內涵，在險惡的國際處境之中，在
紛擾的國內政治惡鬥之中，知識份子組成論
政社團，為新台灣而發聲，自然對台灣社會
具有啟示作用：要改變紛亂的現狀，只有朝
野凝聚台灣認同，從事文化與社會改造，
才能真正開創出屬於這一代台灣人的歷史新
頁。

（2001/06/17，自立晚報「社論」）

6

發揮海洋文化特色
再創台灣奇蹟

　　世新大學教授李筱峰日前應邀在總統府國父紀念月會中發表題為「台灣歷史與文化特色」的專題報告，長年從事台灣史研究的李筱峰指出，近三四百年來台灣歷史與文化的特色有三：一為「統治者變換頻繁」、二為「濃厚的海洋文化性格」、三為「從移民社會轉變成本土社會」。其中，統治者變換頻繁，指的是七次易幟、改朝換代的歷史事實，凸顯台灣人民主權不在的無奈與悲哀，不過總統民選之後，此一歷史悲哀已然不再，可以不論，倒是後兩項，海洋文化性格濃厚與從移民社會轉為本土社會，對於當前

紛擾不安的台灣社會具有高度啟示性，值得我們加以引申。

李筱峰分析，台灣三四百年來，從生活、經濟的型態來看具備濃厚的海洋文化性格，相對於中國大陸文化而言，特具商業根性；尤其自荷蘭時代顯露以外銷為導向的經濟雛形，並扮演遠東貨物集散中心的角色之後至今，台灣就是一個活力充沛的海洋貿易國。因此，海洋文化極強的台灣，走入世界必能充分發展。我們相當同意他的分析，特別是在當前台灣面臨經濟發展困境之際，借鏡歷史，了解台灣海洋文化的特色，才能掌握優勢，走出景氣迷瘴。

事實上，台灣地處西太平洋濱，扼台灣海峽天險，自十八世紀之後就是東西方國際貿易的要津，這使得台灣具有相當濃厚的流動性、開放性和包容性，表現在經濟貿易上，物流、資金和人力的流動性尤其顯著，有別於大陸性文化的穩定、封閉和僵硬。這就是為什麼台灣以彈丸之地，有限資源，且頻遭

外來政權搜括、壓榨,卻仍能開創經濟奇蹟的主因。因此,今天的台灣雖然陷身國際景氣低迷之中出現發展瓶頸,但只要國人發揮以外貿為導向的海洋文化特質,不喪失信心,終將突破一時困境,再創經濟高峰與奇蹟。

也在同樣的地理環境因素下,台灣有史以來就是移民者的天堂,移民和經貿本為一體,從荷蘭治台以降,移民隨著統治者的需要以及政治經濟因素的變化,不斷湧入台灣,形成移民社會,其間難免因為經濟性與政治性的資源爭奪而出現族群爭鬥,從早年漢人與原住民爭地,其後漳泉、閩粵發生械鬥,到今天陰影仍在的省籍問題,都是移民社會必然的衝突。然而歷史也證明了,不同族群在落地生根之後,必能找到融洽合作的方式,當年的漳泉、閩粵械鬥,今已不復,足為明證。這就充分說明本土化有助族群融合,本土化乃是形成命運共同體的良方。在民主體制形成的今天,任何人再以移民心態

區分族群實屬不智。如何協助各族群融入台灣社會，加強台灣認同，自然是朝野共同的責任。

以歷史作明鏡，才能走出陰影。今天的台灣要走向國際化，必須發展並強化海洋文化特質，這也是台灣經濟險中求勝的最大本錢，面對中國目前商機與發展，台灣其實無須驚惶自卑，如何發揮海洋貿易的精神，進入國際社會，才是當務之急；反而是本土化工程，目前正遭受政治中國的打壓，形成台灣內部認同與族群分化的因子，這才是台灣真正的危機所在。我們虔誠希望，少數政客認清歷史與人民需求，不再挑動族群問題、建立台灣認同，以使台灣向上提昇，並以其流動、開放、包容的活力，屹立於世界。

（2001/07/25，台灣日報「社論」）

文與靈修層面的發展，而非要求片面的經濟
成長」。

　在經發會即將作成具體共識的前夕，在朝
野各政黨已經開始年底選戰攻防的此際，一
個外國神父對於台灣社會提出如此誠摯的呼
籲，提供面對經濟困境積極而正面的思考，
不但讓關心台灣前途的國人感動，也值得朝
野政治、經濟領袖深思反省。在當前台灣經
濟面臨挑戰，而首次政黨輪替之後政治局勢
又動盪難安的雙重考驗之下，台灣的問題，
顯然不只是經濟的問題，也不只是政治的問
題，而是整體的對自我是否有期許、對社會
是否有關心、對國家是否有信心的人文品質
的問題。魏神父以一個久居台灣的外國人神
父身分，在他的投書中充分表露了旁觀者的
清楚理路，以及深愛台灣土地與人民的忠
悃；相對於魏神父，過去一年來以唱衰台灣
為務、以政治權鬥為樂，渾然忘掉此際的台
灣最需要團結、和諧的政客，捫心自問，豈
無愧怍？

　　事實上，這波經濟危機不獨台灣為然，也不全然是因為政府新手上路所致。《紐約時報》日前以頭版報導，全球已同時陷於經濟不振，為歷史罕見，美、歐、日以及部分主要開發中國家的經濟都呈現疲軟，如義大利、德國、墨西哥、新加坡，尤其新加坡更是陷入嚴重衰退。報導也指出，目前全球各主要經濟體成長下滑速度為一九七三年石油危機以來最快的一次，而這次全球性不景氣「沒有任何單一原因可以解釋」。白宮的經濟預測報告則已將美國全年經濟成長率由百分之二點四調降為百分之一點七。面對這樣的全球經濟衰頹狂瀾，高度依賴出口成長的台灣焉能倖免？那些一再抨擊扁政府「無能」、「意識形態治國」、「不談九二共識所以導致經濟衰退」的政客，若非無知於全球經濟現況，便是意圖蒙蔽台灣人民，將經濟問題加以政治化來遂其奪權野心的無恥作為。

　　我們看重魏神父言論的另一個理由，在於他的人文思考，而這也是當前台灣政治經

的團結、帶來社會的和諧與希望——台灣正在這個轉捩點上，目前朝野幾個主要政黨都有機會給台灣帶來重新站起的前景與希望，願朝野各主要政黨領袖於此三思，讓人民安心，做社會表率。

（2001/08/22，台灣日報「社論」）

8

讓歷史顯映當年退出
聯合國真相

　　國策顧問陳隆志日前在總統府國父紀念月會中以「台灣與聯合國」為題發表專題演講，批評台灣加入聯合國的困境，主要是來自過去蔣介石採取「漢賊不兩立」的政策造成；兩天後，國民黨立委章孝嚴則跳出來指控陳隆志扭曲歷史、顛倒是非，對「先總統蔣公」汙衊，他同時要求外交部對此明確表態，並說明今年是否要以「台灣」新名稱重新申請加入聯合國，章孝嚴還強調，將推動修法讓相關歷史文件解密，以還原歷史真相。

　　陳隆志的演講，對於一九七一年中華民國在聯合國席位被中華人民共和國取代一事的

說明，乃是一個歷史事實的陳述。陳隆志提到當時聯合國大會針對「中國代表權」問題有三個方案，一是阿爾巴尼亞等國主張讓中華人民共和國進入，排除蔣介石政權；另一案是美國等國提出「兩個中國」案，主張讓中華人民共和國進入，但也保留中華民國席次；第三方案則沙烏地阿拉伯提出「一中一台」案，主張由中華人民共和國取得中國代表權，而台灣則以台灣的名義身份留在聯合國內。最後是阿爾巴尼亞「容共排蔣」案獲得支持，成為第二七五八號決議，但在尚未投票前，蔣介石的代表已退出會場。因此，陳隆志認為，這來自蔣介石堅持「漢賊不兩立」政策，卻造成「賊立漢不立」，使台灣至今仍被拒於聯合國外的結果。陳隆志說，「這一切的問題都是蔣介石所造成的！因為他當時完全沒有為台灣人民的長久利益設想，頑固拒絕『兩個中國』或『一中一台』的建議」。

　　這樣的說法，基本上相當理性，既是歷史的陳述，也是對台灣今日國際處境的原因探究，歷史就是歷史，與政權無關，這段史實能在總統府國父紀念月會中被提出，因此顯得可貴。至於陳隆志的評論是否公允，當然可供各界討論。章孝嚴的指控，則強調「根據歷史文件，我方幾經努力希望留在聯合國，並非聯合國有兩席我們不要」，而退出聯合國則是當時的外交部長周書楷為顧及國家尊嚴所為宣布，章孝嚴據此指控陳隆志「扭曲歷史、顛倒是非」，「對先總統蔣公汙衊」。章孝嚴的說法其實漏洞百出，陳隆志提出的三個方案，章孝嚴答的是兩個席次；陳隆志強調當阿爾巴尼亞「容共排蔣案」通過前，蔣介石的代表就已退出，章孝嚴卻詭辯「我方幾經努力」；陳隆志認為問題出在蔣介石堅持「漢賊不兩立」，章孝嚴則把責任推給外交部長周書楷──比對之下，就可知道誰面對歷史？誰扭曲歷史？

各不相關」；同時應以「三分之二的台灣人和三分之一的大陸人」組成新的民意代表機構、「新內閣應納入一些台灣人和一些年輕人」。此外，楊西崑還透露，一九七一年夏天，總統府秘書長張群訪問東京，日本首相佐藤榮作和岸信介請張群帶一極機密訊息給蔣介石，說「中華民國的唯一希望是採取分離路線，放棄對大陸的主張和要求」。事實證明，蔣介石對於這些國民黨有識之士的建議和友邦的善意完全峻拒，其後楊西崑更遭到外放。這份檔案正是章孝嚴所強調的歷史檔案，陳隆志何來汙衊蔣介石的問題？

我們認為，一九七一年蔣介石以「漢賊不兩立」的心態作出所謂「退出」聯合國的決策，即使有其時空因素，但決策結果導致台灣外交空間縮小與國家處境孤立，則為國人所共見，這個決策讓台灣人民的共同利益受到長達三十多年的傷害，更是事實。章孝嚴以陳隆志就事論事為對蔣介石的「汙衊」，令人遺憾；不過，他強調因此要在立院推動

修法，讓相關歷史文件解密，以還原歷史真相，倒是相當可取的說法。台灣在兩蔣統治的威權時期，不利於獨裁統治者的史料往往橫遭湮滅、竄改、扭曲，歷史淪為替獨裁者擦抹脂粉的工具，真相隱晦、是非不明，黑白倒錯。章孝嚴果真願意推動國家檔案透明法案，勢必可獲朝野立委高度支持，順利立法，則兩蔣時代的台灣史必可水落石出，我們對此極表贊同，並期待章孝嚴劍及履及，早日實踐此一莊嚴承諾。

（2002/07/25，台灣日報「社論」）

9

雷震案真相公布的意義

　　二〇〇二年九月四日是五〇年代台灣重要
政論雜誌《自由中國》半月刊發行人雷震遭
國民黨政府以叛亂罪逮捕屆滿四十二週年之
日，國史館特別選在當天召開記者會，公布
當年「雷震案」的相關史料，其中包括政工
單位及情治機關處理雷震案的機密文件，以
及從新店軍事監獄焚毀後倖存的雷震獄中手
稿部分影本。這批關係台灣戰後政治變遷與
民主發展的史料顯示，在一九六〇年雷震被
逮捕後，當時的總統蔣介石曾在軍事法庭宣
判前指示「刑期不得少於十年」且未來「覆
判不能變更初審判決」；此外，當時由監察
委員陶百川擔任召集人的監院調查小組曾進
行調查，作出報告，報告中明確指出，以

提供歷史和當代一個真相，相當值得肯定。

　　其次，雷震案真相的還原，也足以提供給今天的朝野政治人物以及社會各界人士一個省思的機會。當年《自由中國》的主張，諸如「需要一個忠誠的反對黨」、「反對軍隊黨化」、「自由、民主與平等」、「請政府切實保護人權」……乃至於對蔣總統準備三連任破壞憲政的直陳等，在今天看來都是稀鬆平常的言論，在那個年代卻是「殺頭」、「抄家」的大罪。這固然是時代進步使然，但更是這一批具有民主理念與實踐力的先驅者不畏身家性命安危、流血流淚乃至犧牲人身自由和生命換取得來，在《自由中國》之前有二二八事件、之後有美麗島事件，其中還有更多在「白色恐怖」年代裡的無辜的犧牲者，他們不分省籍、不問意識形態、不論有名無名，多只因為堅持自由民主理念，反對獨裁統治，甚至還有更單純只因發牢騷或因遭密告，就被逕以叛亂罪起訴，或羈押入牢、或亡命海外、或精神錯亂、或甚至因此喪命，

青春歲月與人生幸福從此幻滅——今天台灣的民主自由環境是這樣由眾多先驅與前輩的血淚與冤屈之中得到的。

面對歷史事實與人間公道，首先，我們認為，雷震案的澄清與公道，應該也要表現在還給與雷震一樣受冤屈、被侮辱、遭壓制者的清白與公道上。我們期許扁政府與國史館能持續以繼，讓所有在戒嚴年代受辱而無辜的政治冤案與政治「亂判」受害者同享此一公道，讓他們家屬可以有所告慰，袪除沉埋多年的冤屈與陰霾。其次，我們也要提醒當年因為職務、身分或工作而執行或參與類似鎮壓、打擊、迫害反對的民主人士的後國民黨精英，應該體認當年的錯誤，更加虛心地面對歷史，珍惜由被迫害者換取而來的自由民主空間，在政黨政治和民主政治的無私認知之下，做一個當年雷震等主張的「忠誠的反對黨」人，而非一個事事以一己利害耍弄權謀、欺瞞人民百姓的自私政客。

最後，我們要強調，在當年發生的雷震

案中，蔣介石的干預、指揮司法體系，並且
違反法治，在毫無直接間接證據之下，就逮
捕反對者的極權做法，證明了欠缺民意和法
治、不受節制與監督的政治環境，往往會造
就出草菅民命、漠視民意的獨裁者，台灣好
不容易才脫離獨裁者的邪靈，好不容易才開
始締造民主與法治的制度，爾今爾後，只有
朝向更民主、更自由、更開放的社會發展，
才能杜絕強人與獨裁者借屍還魂。雷震案真
相的公布，在這個意義上，就將不只是還歷
史公道，也足以為當代及後來者炯戒。

（2002/09/05，台灣日報「社論」）

10

走出竹籬笆，擁抱新故鄉

　　二〇〇三年九月十五日《台灣日報》刊出記者郭碧純的深度報導「族群動員，外省籍選票最排外」一文，引起各界矚目。這篇報導根據明確的民調統計數據，詳述包括總統大選在內的歷次選舉過程中外省族群的投票行為，文章一開頭就說：「根據最近幾份民調顯示出，這次總統大選在族群投票行為上還是呈現出『外省人投外省人』的特殊現象。人口比例佔最多的閩南人約佔75％，在投給連宋和陳呂之間的分布較為平均，約四比三，而佔約13％的外省人投給兩組人馬的比例卻呈現出一面倒的趨勢，表態支持連宋者高達七成五至八成之間，而佔約

12％的客家族群也明顯趨向連宋，約佔五成，陳呂則約二成五左右。」

此一客觀數據雖然證實了常民社會對「外省族群瞧不起本省人」，「本省族群則無分省籍」的投票行為的印象，但數據會說話，外省族群「支持連宋者高達七成五至八成」，如此集中而單一的投票行為，透露出的乃是外省族群「族群認同高於國家認同」、「民族主義先於民主主義」的封閉心態，無論從台灣的族群共榮或更重要的國家認同來看，這樣的心態都令人憂心，叫人難過。人口只佔13％的外省族群，迄今依然難以融入台灣社會，在國家認同上依然無法摒除來自族群出身的侷限，對於台灣的民主政治發展和內部共同體意識的凝聚都將造成阻礙；對於外省族群在台灣這塊土地上的營生和未來，其實也產生了傷害。在第三代外省族群已經出現的今天，我們不能不提醒凡是關心自己與下一代子孫未來的外省籍同胞，應該正視這種傾斜的族群集體結構，從心理層面和實踐層

人的過客」，失去故鄉、失去歸屬感，也喪
失了親近台灣土地的機會和感覺。這對外省
族群顯然並不公平，他們在雙腳所踏的土地
找不到故鄉，於是只能花果飄零，在全球各
地乃至於他們的原鄉中國都無法安身立命。
癥結在於五十多來年兩蔣威權統治年代大
中國意識形態的長期灌輸，使他們堅決相
信「反共必勝、復國必成」，終究要回到中
國，因此根本無心於接近土地、了解台灣；
其次，外省族群長久以來被隔絕於眷村的竹
籬笆內，與台灣常民社會接觸有限，讓他們
無法體會台灣社會的人情之美，加上雷震所
說的「族群優越感」也讓他們在潛意識中瞧
不起台灣的人文、地理和本省族群；最後則
是李登輝主政以來的民主化、本土化路線，
使得過去外省族群在國民黨一元統治下享有
的政治、文化與教育優勢地位，因法治、民
主的公平競爭制度而逐漸喪失，讓他們感到
權力不在與權利失落的雙重危機。這就是何
以近年來每逢選舉，外省族群便積極動員，

將選舉（特別是總統大選）視如「變天」、「戰爭」，而本省族群則少見這種情緒的主因。

「他鄉日久是故鄉」，外省族群來到台灣已經累積三代，生死之地都在台灣，就應該認同這土地，讓台灣成為自己的故鄉。外省族群今天的族群危機感表面上看是本省籍總統主政，使外省族群過去享有的特權逐漸消失，但以台灣各族群的人口結構看，在民主和社會正義原則下常態分布和常態競爭，這才合理正常；外省族群真正的危機是未能看到今天台灣的多元化、民主化、本土化，才能真正保障他們以及下一代子孫存活在不靠特權、不靠身分、不分族群與黨派都能擁有一片天、一寸土的尊嚴和成就。此外，他們因為媒體渲染的關係，往往誤以為台灣的國家認同是去中國、去歷史、去文化，實際上這都是落後的、封建的民族主義情結，國家認同是一種公民意識，而非民族意識，這是現代民主國家的常識，美國人不會反對莎士比亞、康德，台灣人也不會反對孔子、

11
擺脫作客心態，
掌握主體性

二○○三年九月二十二日，《台灣日報》刊出記者郭碧純的深度報導，指出相較於外省族群「外省人投外省人」的投票行為，客家族群在投票行為上較無強烈的族群意識，因此在大型的跨族群的選舉上，並不會以「客家人選客家人」為主調。但由於來自開台時期累積的閩客爭地械鬥情結、來自於外來統治者型塑的國家認同和政黨認同，以及利益取向的因素，客家族群在總統大選等大型選舉中則傾向支持藍軍，也傾向和外省族群建立「新中國人」或「新台灣人」的伙伴關係。此外，民調顯示，客家族群在國家認同上高達六成五不贊成公投決定統獨問題；

桃竹苗地區有高達七成的居民喜歡「中華民
國」國號，是所有地域中比例最高者；客家
大老邱垂亮也指出客家人和外省人一樣，
「有作客的心理」，「對閩南人多數處於恐懼
和敵意」，「很多客家人仍然認為民進黨是河
洛人的政黨」，「很多客家人認為民進黨在活
動中都講台語，讓他們感到被漠視、歧視、
無法認同」。

　　這些具體的現象，都是事實，我們沒有
必要迴避，也不能漠視。從客家族群來台的
歷史背景看，在台灣估計現有 15% 人口比
例的客家族群，約在清乾隆時期由原鄉（廣
東和福建汀州）渡海來台墾拓，建立家園。根
據史料，台灣在清朝統治初期，漢移民大多
來自漳州、泉州兩地，並無客家人，這主要
和當時清廷有所謂「渡台三禁」（禁偷渡、禁
女眷、禁廣東籍）有關，這一個歷史的、政治
的侷限，導致客家人於乾隆年間獲得解禁來
台時，就處於弱勢。乾隆末年的文獻指出，
當時漢人在台灣，漳、泉之民佔十之六七，

「廣民」（客家人）則在三四之間，「以內外論，則近海屬漳泉之土著，近山多廣東之客莊」，清楚說明了客家人後到、人少而處境較差的狀況。但更值得注意的是，乾隆年間至今不到三百年，客家族群人口比例已由當年的三四成遽降為一成五。這是今天客家族群面對的最根本的生存與文化傳承危機。

因此，我們討論當前台灣族群議題之際，特別是關係到族群和政治、國家認同的議題時，都不能不正視客家族群長久以來居於政治、經濟弱勢，而有亡族危機的歷史和政經背景。邱垂亮說客家人「對閩南人多數處於恐懼和敵意」，就是來自歷史因素；此外他指出客家族群有「作客心理」，則是複雜的文化因素。客家族群以「客家」為名，導致在台灣開發歷史過程中一如「客家」，未能在台灣社會爭取自主權；雖因長期落地，已經生根，而有相當程度的土地認同感情，但在外來統治過程中，閩客矛盾往往為統治者所用，使得客家族群游移在外來統治者認同

族群，意識形態部分則傾向「中原」文化領導權。在總統大選中傾向支持泛藍候選人，在國家認同上傾向舊統治者型塑的「中華民國」，在語言上不質疑單一化、壓制型的「國語」對於客家語言的傷害，反而質疑同受「國語」傷害的閩南語，都與此有關。

　　族群之間的關係難免摩擦，這是正常的，歷史和政治造成不同族群之間的誤會、矛盾，則需要全體台灣人來共同面對解決。客家族群的民族性格安土重遷，勤樸剛毅，這是台灣文化中可貴的基石，客家文化就是台灣文化；而儘管客家文化受到外來統治者壓抑，但客家族群對台灣文化的建樹則居功厥偉，以文學為例，龍瑛宗、吳濁流、鍾理和、林海音、鍾肇政、李喬……都是台灣文學史中最響亮的名字。此外客家族群在學術、政治和經濟、產業、媒體、社會等諸多領域中也都擁有領袖精英，這是客家族群可以昂首闊步之處。客家人只要一改「作

客」的弱勢心態，不自怨自艾，爭取和其他
族群平等發展的機會、發言權和自主權，就
無須擔心族群發展；但如果依然保持依附心
態，期待泛藍、連宋主政，等著閩南人「下
台」，則其族群主體性將永遠難以建立，客
家的發展也將和過去的歷史一樣，淹沒在台
灣社會變遷的洪流中。

阿扁從台北市長任內以來，認真學習客家
話，成立客家文化會館、藝文中心、客家文
化基金會；就職總統以來，成立客家事務委
員會、成立客家電視台，現在苗栗和新竹的
大學中也有了客家學院。客家族群當然可以
清楚看到，這些政策的落實，具體地展現了
正視客家文化自主性和族群尊嚴的決心，而
不只是選票。這不是造橋鋪路，今天造，明
天就看到。這是台灣朝野、各族群學習如何
正視不同族群發展與文化，了解與對話的開
始。這次總統大選，也可以是一次機會，客
家族群選民大可放開歷史閩客心結和過去統

治者灌輸的意識形態，認真地、專注地思考
客家發展和文化傳承議題，做出真正立基於
客家族群利益的選擇。

（2003/09/23，台灣日報「社論」）

12
權力在人民手中

不久前應邀為李登輝學校核心教材撰寫「認識台灣歷史篇」的青少年版讀本，這對我來說，是一個重新閱讀台灣的過程。年輕時讀房龍《人類的故事》、《聖經的故事》，給我相當愉快的經驗、難忘的回憶，感覺整個世界都寬闊開來，在我眼前展開無數美麗的窗口。歷史長廊儘管幽深晦暗，人類的文化儘管駁雜繁複，但其中累積的經驗和教訓，若能被後來者所認識，就能在晦暗與駁雜中看到光明的出口。我因而決定將這本為台灣青少年寫的小書定名為《台灣的故事》，以文學敘事筆調重寫台灣舊事。

我從台灣最早的主人南島民族開始寫起，寫原住民六千多年前在台灣的定居，接著根

據歷史系譜，寫四百年來從荷蘭、明鄭、清朝、日本到中華民國接管台灣，以迄於首次政權輪替的歷史軌跡。隨著閱讀、整理和改寫，大約半年時間，我每晚在書房中與台灣史約會，重新檢視台灣的臉顏、身世與背景。我不是一個鑽研台灣史的史家，年輕時無法從教育管道中獲得生身之地的歷史知識，大學年代在圖書館發現日治年代《台灣民報》影印本，才開始對台灣史產生濃厚的興趣；進入社會後，閱讀史明所著《台灣人四百年史》，更是相當震撼。今已年近半百，在晚夜中與台灣史重逢，逐篇逐字寫出台灣的故事，對於政權輪替三年多來，台灣歷史與台灣知識仍然未能進入制式教育中，為台灣的下一代所了解，別有一番悽涼黯夜之感。

超過四百年以上的台灣歷史，在我看來，就是一部外來政權統治史。南島民族未曾在這塊世外桃源中建立屬於自己的國家，固毋庸論；就是漢人來台開墾之後，也因只重生

存、追求發達，加上一個個外來政權先後據有統治，而使台灣人民無法做自己的主人。在這四百年以上的歷史長廊中，每一個朝代、政權的改變，都由不得台灣人民選擇，台灣人繳糧、納稅、服役，無一不能免，就是不被允許擁有政治權利，選擇政府、決定公共事務，更不必說決定台灣的前途了。

台灣曾是荷蘭賺取中國、日本、歐洲大筆鈔票的貿易「據點」；曾是鄭成功反清復明的「基地」；曾是大清帝國解決中日戰爭失敗的「割地」；曾是日本據以發展大東亞共榮圈的「跳板」；曾是國民黨政府反攻大陸的「堡壘」。在這些外來政權的統治下，台灣從來不是屬於台灣人民的台灣。台灣人民在外來政權命名的過程中，也從來沒有權利稱呼自己是台灣人。台灣人民當過荷蘭人、西班牙人、明朝遺民、「清國奴」、日本人、中國人，就是沒有當過真正的台灣人。

即使在即將改選第三任民選總統的此際，大選如火如荼進行，泛藍陣營每天在電視廣

告中播放「台灣打拚」的文宣，歌唱得跟民進黨文宣沒有兩樣，但泛藍還是想盡辦法阻撓公民投票，污名化守護台灣的作為。公民投票，是台灣人民終於有權決定國家重大政策的民主象徵，議題如何可以討論，但不可將公投視為洪水猛獸。連公投都要干擾、都會害怕，顯現的就是不敢做自己主人，不敢決定自己要走的路的奴才心態，而這正是長期遭到外來政權統治、內化的結果。

我在撰寫《台灣的故事》的晚夜，念先人來台開墾的艱辛，追求當家作主歷程的坎坷，對照民主化之後台灣的種種去主體亂象，不能不擲筆慨歎。民主自由的目的和意義，在於人民主權的彰顯；台灣歷史的書寫也是，權力必須回到台灣人民手裡。

（2004/02/03，中國時報「名家專論」）

13
兩樣心境・兩種天空

　　上週我先後在台灣北東南中四個都市——台北、花蓮、高雄、台中駐足。這四座都市本來就因地理、人文景觀不同而有氣質相殊的風貌：台北是首善之都，人文薈萃、政經繁麗，一向傲領台灣；花蓮在太平洋濱，交通不便、產業不興，因而保留了山海之美；高雄為台灣最大港都，河寬港闊、民風直率，一貫洋溢南國熱情；台中則居台灣心臟，氣候適中、物產豐富，且而有雍和大度的氣派。一週之內，我在這四座城市中走踏、工作、旅行、夜宿，深感台灣風物人文的多樣與可貴，山河的多嬌與壯美。

　　不過，也在上週，泛藍陣營繼「四○三」流血衝突之後，又發動了「四一○」集會，

不肯散去的民眾再度與警察爆發激烈衝突，
民眾、警察與記者多人受傷，台北的天空瀰
漫著愁雲慘霧和帶有血腥臭味的仇恨。這座
一向傲視台灣的首善之都，因流血事件而盈
溢肅殺氣氛，宛如一座沉淪之城，在仇恨、
偏見和權力的爭逐下逐步下陷。首善之都，
成為首亂之都，她的人文薈萃、政經繁麗，
以及一向掛在中產階級嘴上的「高尚」、「有
水準」等等身分識別符號，相對於花蓮的素
樸、高雄的熱情、台中的和善，都成了叫人
難過的冷笑話。

在花蓮，原住民、新住民、客家、閩南等
族群無分先來後到，雖然在大選中以絕對多
數選票支持連宋，但看不到泛綠選民因此激
越不平，視泛藍鄰居為寇讎，市街、村道平
靜安祥，人們臉上掛著笑容，高山翠綠，大
海蔚藍；在高雄，選後的愛河，市民在燈影
相映的河濱悠閒喝著咖啡、啤酒，在清晨的
柴山步道互相加油、寒暄而不問藍綠；在台
中，溫煦的陽光從大肚山一路流淌到都心，

往來的人車流動著一股歡愉——這些遠離首
都的城市，早已放下大選成敗、忘掉藍綠糾
葛，回歸正常的生活軌道，並且以著原有的
步調打造城市自足的風貌。

台北市卻還沉浸悲情之中，從三一九至
今，動亂未歇，怒氣猶盛。台北市擁有全國
最便捷的交通，最富足的環境，最密集的
文教機構與媒體，享有最豐富的政經文化
與福利資源；台北市民走路有風、講話冒
泡，卻一點也不快樂。儘管連宋在台北市以
超過二十萬票的懸殊票數擊敗陳呂，這個
城市卻絲毫不見歡欣、感恩，而寧肯選擇
上街、遊行，乃至連多數泛藍支持者也不樂
見的暴力，來宣洩憤怒。而在全國性媒體的
報導框架下，經由二十四小時的鏡頭強化，
台北市做為「首亂之都」、「仇恨之城」的形
象，也因此深深烙印在台北以外的城鄉、台
灣以外的國家的閱聽人腦海中。這座城市恨
意未去，因而失去原有的美麗；這座城市用
高築的堤防隔絕河水與大海，因而失去河的

包容和海的寬闊；這座城市慣用懷疑的眼光看待鄰人的關懷，因而連數據和科學也不願信賴；這座城市總是指著自己的小痛自怨自艾，因而看不到旁人為此遭到的嚴重撕扯和傷害。

我在上週走過北中南東四座不同城市，她們各有風貌，卻因選後心境的不同而分出了兩種天空：台北市，陰；花蓮高雄台中，晴。台北市，撕裂；花蓮高雄台中，和諧。躲在台北市，這座城市只聽到自己的狂亂嘶吼；走出台北城，才能真正看到藍天綠地和樂相迎！

（2004/04/13，中國時報「名家專欄」）

14
總統大選反映的是
台灣主體認同問題

　　二〇〇四年四月十二日上午，陳水扁總統
在西門町紅樓劇場與青年學生團體領袖進行
「總統與青年學生座談會」，在與四十四個
團體一百三十幾位學生座談中，陳總統與內
閣部會首長虛心聆聽學生各種建言，儘管在
中正紀念堂靜坐的學生拒絕與會，但無損於
這場總統與學生意見領袖交流的誠意，同時
學生領袖放言高論，提出各種批判性意見的
表現，也讓國人對於下一代知識份子的獨立
判斷和視野有了更深刻的認識。這樣一場座
談會，說明了理性論辯空間的存在，民主機
制和文化的可貴。

民間領袖和政治菁英的虐殺、以及其後國民
黨於五〇年代進行「清鄉」檢肅的白色恐怖
統治，都早已種下台灣人和「外省」人之間
互信不足、相互猜忌的病灶；其後國民黨威
權當局為鞏固威權領導，更是不惜操作省籍
與族群矛盾，並透過對國語與中國文化的獨
尊、對閩客原住民語言與台灣文化的壓抑，
建構中國文化霸權而強化了「外省」籍人士
的優越感，這才更加深化了迄今未褪的族群
矛盾；而在台灣民主化過程中，又因國民黨
長年戒嚴，政府文官體制也深埋省籍歧視，
台灣菁英只能通過有限度的選舉管道參與公
共事務與政治，凡此都使省籍、族群問題更
加複雜。只有了解這樣一個結構性的因素，
我們才可能為疏解省籍族群問題把脈，因為
族群撕裂現象早已存在，不從根源解套，只
抓住選舉期間朝野政黨與政治人物的過激語
言而侈談化解族群問題，乃是緣木求魚。

　其次，今天的台灣已經民主化，選舉是
全民參與民主的過程、管道，像總統大選浮

出的族群劃分，只是選舉諸多現象的一個部分，不足為慮。總統大選由全體公民依自由意志投票決定，省籍、族群和地方意識固可能影響選民投票，卻不是唯一要項，因此若說陳總統、民進黨高舉「台灣人萬歲」、「台灣優先」、「愛台灣」訴求，就會引發省籍、族群撕裂，就未免沉重了，因為這些訴求（包括守護台灣的訴求）目的在喚起台灣主體意識，呼籲台灣所有族群團結對外、保護台灣，既無族群區別，何來「撕裂」可能？

具體地看，這次總統大選的選民結構相當清楚，福佬人佔 70% 以上，客家人約 15% 左右，「外省」則約為 12% 左右，餘為原住民，如果操作族群議題有效，則陳水扁總統光靠福佬人支持，得票就超過 60% 以上，但選舉結果藍綠各為 50% 強弱，顯然有相當多本省人票投連宋；再依各項選舉族群投票傾向分析，「外省」人總有 80% 以上投給泛藍候選人——這說明了選舉中的族群問題，還是出於「外省」人跨不出籬笆情結的

因素。法國學者高格孚（S. Corcuff）在他的《風和日暖》一書中就認為「外省」人的投票傾向是因為社會政治化和選舉時特定政黨操作而被簡化的結果。根據他的分析：這與第一、二代「外省」人對台灣走向懷著不安，對將來沒有信心的結果；同時這也反映他們誤認本土化就是「去中國化」，意味著他們在台灣會沒有位置的焦慮——選舉時多數「外省」票投「外省」籍候選人，就是這種心理現象的反射。

因此，我們要特別指出，要化解此際因為大選操弄而浮出的族群問題，必須抓穩兩個層次：一是大選結果已經明顯呈現台灣主體意識的強化，族群「撕裂」問題已被證明並不存在，存在的是台灣認同仍然有加強的寬廣空間，只要不分族群都能認同台灣，族群區別自然會逐漸淡化；二是台灣目前確有文化歸屬的焦慮感，存在於不同族群之間，如「外省」人擔心台灣「去中國化」而使他們的文化歸屬失落，「本省」人則憂慮台灣文

化日漸式微（尤其客家和原住民）而使他們有民族滅絕危機感。我們認為政府對此必須透過教育、文化政策與預算的平等、公平法則加以解決，求其均衡，存其優而去其劣，來型塑四大族群合理、公平的發展空間，則自能化解焦慮，使台灣主體認同逐步取代族群情結，使台灣新文化的建設能因四大族群的共同參與而更加堅固、壯大。

（2004/04/13，台灣日報「社論」）

15

夜半悲呼山月暗，哀思難向青天剖

——政府應緊急挽救日月潭邵族命脈與文化於垂危

　　二○○四年四月上旬媒體報導了兩則有關原住民議題的新聞，一大一小，一顯著一簡略，兩相對照，其中顯示出我們的社會對原住民議題偏頗的認知，以及值得台灣原住民族從建立主體性的角度認真思考的課題。

　　大的、顯著的新聞是，立委高金素梅為抗議台聯主席蘇進強參拜日本靖國神社中的台灣英靈，兩度率領部分原住民前往台聯黨部抗議，要求台聯向原住民道歉；此外她還帶領原住民前進立法院抗議，並向行政院長謝長廷遞交陳情信，要求撤換認同蘇進強參拜

日治年代台灣籍日本兵亡靈的教育部長杜正勝。這則新聞在電子媒體中不時播出，高金素梅身穿原住民服飾，情緒激動，使用相當標準的國語大罵蘇進強、杜正勝的不是，相當搶眼，具有鮮麗的造勢效果。

小的，簡略而且模糊，甚至在電子媒體中幾乎未見報導的是，在同一段時間，世居日月潭的邵族族人，為抗議南投縣政府以收回現有土地為由，要求他們拆除九二一過後興建的組合屋，實則是要興建觀光大飯店，專程北上行政院請願，希望中央政府進行協調，以挽救邵族垂危的命脈。這則新聞議題，或許因為沒有立委高金素梅帶隊，畫面瞬間帶過，新聞處理語焉不詳，邵族為什麼請願？為什麼抗議？九二一組合屋的拆遷，南投縣政府根據法律收回縣府所有土地，有何不妥？拆遷又和邵族的生存有何關聯？也不被以漢人價值為核心的媒體所報導，閱聽人更難因此關注以邵族為表徵的原住民民族命脈和文化傳承的深刻課題。

這兩則新聞，從原住民的主體性來看，何者是重要的？不問可知，當然是邵族的新聞，一族之將亡，可能預示台灣原住民族之陸續滅絕；邵族的聲音可以被忽略，泰雅、卑南、魯凱……等各族的聲音當然也會被忽略；如果世居日月潭的邵族在其世居之地都無安身立命之處，怎能期待台灣原住民族擁有自治區之時？從台灣價值來看，邵族的存亡當然也重要於高金素梅站在反日立場上所做的抗議。然則，與原住民生存息息相關的急迫議題，被另一則以原住民政治人物領導的缺乏原住民主體意識的抗議新聞淹沒了。我不禁要為邵族叫屈，為將來也可能面對同樣困境的各原住民族擔憂，在一個充佈著漢人價值觀的媒體環境中，原住民族如果習慣以大中國思維來面對媒體議題建構，則民族命運將可想而知。

世居日月潭畔的邵族，千百年來就是日月潭的主人，現在主人在他們父祖耕作世居的土地上卻得遷徙流離，這豈不荒謬之極？

我想到丘逢甲一首為原住民所寫的詩〈老番行〉，這首詩以老巴則海族人的口吻，控訴漢人和官府如何欺壓，最後導致該族流離失所的悲憤。其中有句說：「官威難強漢民奸，又佔山田啟訟端。日久深山無甲子，風生小海有波瀾。眼看番地年年窄，覆轍傷心話疇昔。方今全山畢開闢，更從何處謀安宅？番丁業盡為人役，空存老朽溝中瘠。」仔細比對，這豈不正是此際邵族生存苦境的寫照？原來擁有「水沙連」一望無際沃土的邵族，經過大清帝國、日本帝國、中華民國統治，三百多年後的今天，只剩下一個還未完全歸屬他們的拉魯島（前稱「光華島」）、「德化」社，以及九二一後重建的組合屋，而在政府「依法行政」，與財團根據政府法律取得興建觀光飯店之權的雙重夾擊下，他們的民族命脈和文化眼看已有頓失所據之虞，丘逢甲〈老番行〉詩最後的感慨「夜半悲呼山月暗，哀思難向青天剖」，想必也是此時邵族全體族人共同的感慨。

　　邵族九二一重建的組合屋，不只是邵族遮風避雨的家宅，更關係到如今土地已無多、人口數三百的邵族能否重建的課題，這座組合屋社區，如今已成為邵族文化復育園區，在二排整齊而充滿邵族文化特色的綠竹圍牆拱衛之下，邵族的文化才剛萌芽，四月九日也才剛剛舉行稻米播種祭，並準備向聯合國糧農組織爭取成為世界遺產。無論就原住民族文化的保留與傳承，或者就台灣最弱勢民族邵族的存亡絕續，乃至就九二一大地震的集體記憶指標來看，這個組合屋社區如果能被保留下來，不更具有多重意義的彰顯嗎？南投縣政府難道真的無法在法律許可的範圍內保留這塊地區嗎？如果依法不能保留，那麼難道不能緩拆嗎？我不能想見，日月潭，台灣的中心大湖，如果只見五星級觀光飯店林立，而無邵族文化，而無邵族立足之地，那些湖光山色又有多少觀光價值？那些以吸引觀光客住宿為主的飯店又有多少客源可期？

　二〇〇一年八月十五日，行政院正式通過承認邵族為原住民族第十族；二〇〇四年二月五日總統頒布「原住民族基本法」。現在，邵族卻面臨流離失所、無土可居的民族命運。邵族族人曾經懷抱民族重建的美夢，希望爭取政府解編一五〇公頃日月潭畔保安林地做為「邵族文化史蹟保存區」；希望重回 PUZI（土仔亭）祖居地，重建邵族；希望政府將拉魯島完全歸還給邵族……。這些希望，本來是政府應該早日處理的課題，但現在看來這些希望是要幻滅了，因為他們連暫棲的組合社區也將失去。

　三四百年來，原住民族「夜半悲呼山月暗，哀思難向青天剖」的命運不斷重演，自稱是原住民出身的高金素梅似乎沒有看見，但以台灣主體為念的扁政府不能不看見，行政院原住民委員會不能不看見，必須緊急處置，尋求解決方案，以挽救日月潭邵族命脈與文化於垂危！

（2004/04/18，自由時報「星期專論」）

16

關注台灣文化，再振
歌仔戲雄風

　　從一九七〇年代開始，台灣掀起一股本
土文化重建風潮，在這個風潮之下，鄉土文
學崛起，逐步取代了五六〇年代掌握文化霸
權的西化文學，台灣人民與土地的聲音才重
打開了一扇窗口，眾多生於斯、長於斯的台
灣作家，不分省籍、族群，以他們的筆寫出
了台灣的心聲；進入八〇年代之後，台灣文
學獲得正名，台灣文化的再生意識也在不同
的領域中受到重視，包括傳統民俗藝術、現
代舞蹈、劇場，乃至電影，都融舊而創新，
綻開了一新台灣文化的花苞。這樣的潮流和
現象，與台灣的政治民主風潮走向相當一

致——只有台灣的聲音，才能表意台灣的主體，彰顯台灣的特色。

但是，二十多年來台灣文化整建的過程，相對於台灣政治民主改革卻顯得顛仆困厄許多：二十多年前的「黨外」如今已經進入廟堂，取得政權；台灣文化卻仍然在野地上飄搖，而未獲得包括教育體制、大眾媒體與社會的重視。象徵台灣文化的文學、藝術工作者，在這個民主改革已有小成的國度內仍然未獲應有的支持和掌聲，他們孜矻不懈、精心錘鍊的成果仍未受到肯定。文學如此、音樂如此，繪畫如此，就是與大眾文化最為靠近的台灣歌仔戲亦復如此。這是不能不令人扼腕的事。

歌仔戲乃是從台灣土地萌長的戲劇，有「台灣歌劇」的美稱。這個發源於宜蘭的本土劇種，一百多年來在台灣社會中發展，從萌芽到成熟，其中隱藏著多少歌仔戲團、演員、編劇、後場樂師的血汗淚水，以及他們

傳承本土戲劇的苦心。然而，這個曾經與台
灣走過百年風雨，抒發台灣人歡笑與悲傷的
劇種，如今仍然處於野地之中，前途未明，
目前只有台灣戲專將歌仔戲納入正規教育；
相較於學京劇的學生畢業後可直接進入國家
劇團演出，歌仔戲科的畢業生則因為缺乏歌
仔戲國家劇團，面臨無路可走的窘境。一個
學歌仔戲畢業的學生出路如此，則台灣歌仔
戲發展的困境如何，不想可知。

在這樣的困境下，現有各歌仔戲團的努力
就更加值得台灣社會的疼惜和鼓勵。台灣歌
仔戲團走入現代劇場，濫觴於八〇年初期楊
麗花領軍的台視歌仔戲團在國父紀念館演出
的《漁孃》；其後明華園戲劇團、河洛歌仔
戲團、唐美雲歌仔戲團繼起，使得歌仔戲重
回內台，發展出了「文化場」，無論演員表
現、劇本新編乃至舞台、服飾、樂曲都有大
幅進步。觀賞一齣精心擘製的歌仔戲，欣賞
其中結合整個戲團表現出的戲碼故事、演員
身段、舞台布景和文武場音樂，無疑是最華

　　《無情遊》這齣新戲，敘述一段淒美的
故事，愛情與家庭的矛盾、情人與丈夫的難
捨，以及劇中女主角的內心糾葛，貫穿全
戲，情節幻化，高潮起伏，迴腸盪氣，扣
人心弦。我在拜讀編劇施如芳所撰的劇本
時，就強烈感覺這齣戲的動人力量，在歌仔
戲劇運再振的此際，精編的劇本和一流演
員的入微詮釋，才會是歌仔戲再展戲劇魅
力的保證。台灣歌仔戲曾經有過風靡人心的
高峰期，她的劇目、戲文，戲迷都能如數家
珍，其中用語典雅、故事感人，情節起伏，
是擔綱主角演員之外吸引戲迷的主要因素。
但由於歌仔戲劇運一度沒落，除了沿襲老
戲（如《山伯英台》、《陳三五娘》、《什細記》、《呂蒙
正》等）以外，幾無新戲推出。本土戲劇的
劇目、戲文，必須與時俱進，在內容上推陳
出新，表現新社會、新時代的思潮和感覺結
構。我在《無情遊》的劇本閱讀過程中，看
到了一個年輕的編劇作家的奇詭想像和編劇
功力，因而更期待《無情遊》搬上劇院舞台

的勝景。台灣文學界長期欠缺劇本創作，我在閱讀《無情遊》劇本時，也期待一位和歌仔戲團相濡以沫的莎士比亞的出現。

不久前，我的台語詩〈我有一個夢〉及〈寫予春天的批〉，蒙唐美雲不棄，委請劉文亮編曲，在「唐美雲邂逅新 Much 音樂會」中，以歌仔戲唱腔演唱，現場聆賞，使我更深刻地體會唐美雲融新於舊、勇於創新的大器格局，這該是她在六年前創辦唐美雲歌仔戲團的動力。六年時光，不長不短，年年一齣新編大戲，長久以繼，可望產生流芳經典。台灣歌仔戲合歌、舞、樂與故事於一舞台，是台灣文化和社會對話的窗口，也是台灣戲劇和文學的結晶，觀賞過去六年大戲，我對唐美雲及其歌仔戲團振興台灣歌仔戲的成績相當感動，希望台灣社會和觀眾毫不吝惜地給予掌聲。

（2004/08/29，自由時報「星期專論」）

17

從彭明敏戳破國民黨有關族群衝突的神話說起

　　日前台視「謝志偉嗆聲」節目專訪總統府資政彭明敏教授，暢談四十年前他和謝聰敏、魏廷朝師生三人發表〈台灣人民自救宣言〉的始末，在這個具有紀念意義和歷史價值的談話中，彭明敏感性地回憶了參與自救宣言之後逃亡、以及從事台灣民主運動的心路歷程，同時具體針對目前困惑國人的所謂「省籍」、族群衝突，提出精闢、犀利的看法，我們相當認同，因此要加以申論。

　　彭明敏係在一九六四年時，因為國民黨政府強調「反攻大陸」、以中華民國為代表中國的唯一政府，而認為此一走向有問題，

提出自救宣言，主張「一個中國，一個台灣」，宣示三點目標：（一）確認「反攻大陸」為絕不可能，推翻蔣政權，團結一千二百萬人的力量，不分省籍，竭誠合作，建設新的國家，成立新的政府；（二）重新制定憲法，保障基本人權，成立向國會負責且具有效能的政府，實行真正的民主政治；（三）以自由世界的一份子，重新加入聯合國與所有愛好和平的國家建立邦交。這些今已成為全民共識的主張，卻使彭明敏遭到逮捕、下獄，最後流亡海外的命運。

　　彭明敏電視談話中值得關注的是，他提到當時法西斯統治的國民黨，為了壓制民主，對外宣傳「台獨就是要殺外省人」的謊言，而特意忽略自救宣言強調「不分省籍，竭誠合作」的重要論述，導致很多外省人和下一代相信「台灣人的民主運動，就是要欺負外省人」的神話。此外，國民黨還採取分化手段，告訴外省人「我們執政不一定很好，但

如果倒了，你們一定被台灣人殺死」。這樣的族群衝突論述和分化伎倆，也使民主運動人士遭到抹黑。

更重要的是，彭明敏還犀利指出，今天台灣的族群問題乃是國民黨少數特權集團操控的結果，「多數的外省人是國民黨專制的犧牲品」，和本省人一樣是被迫害者，認為台灣人仇視外省人的「過去留下來的這種觀念要改」，族群問題必須透過教育慢慢改變。彭明敏對於陳文茜說三二〇選舉後「台灣外省人猶如希特勒時代的猶太人」論述也相當不以為然，「不斷說台灣有族群問題的人，是希望用族群引起問題」，來滿足政治慾望，解決的辦法只有強化台灣認同、以民主自由人權的強化來化解。

彭明敏的談話，可以提供給台灣社會省思之處甚多。第一，今日台灣的省籍問題，其實是政治問題，而非族群問題。從歷史上看，這是少數國民黨統治階級藉以壓制民主發展、人民聲音，炮製出來的神話。這樣的

謊言貽害台灣社會至今，導致同樣被壓迫的
外省族群的疑慮，解決此一問題，必須通過
教育才能有所改變；第二，國民黨威權統治
時期，台灣只有法西斯統治者和被壓迫者之
分，本省人固然被壓迫，多數的外省人也遭
到殘酷打壓，雷震結合台灣籍政治精英組織
「中國民主黨」被抓下獄就是顯例。民主化
之後，人權受到政府尊重，族群問題也不嚴
重，反倒流於泛藍政治操作的籌碼，已經影
響社會和諧與穩定；第三，台灣的民主運動
向來不分省籍族群，彭明敏發表自救宣言、
雷震組反對黨時如此，之前楊逵在二二八事
件後發表和平宣言也是如此，之後從黨外運
動到民進黨成立，莫不如此，因此將台灣民
主運動與族群衝突畫上等號，說什麼「外省
人像希特勒時代的猶太人」乃是悖離歷史事
實和政治良心的無恥說法。

歷史是一面明鏡，彭明敏的談話除了提供
歷史真實，也足以提醒今天台灣的每一個族
群，唯有認同台灣，走出籬笆，融入台灣社

18

讓各族群語言
都成為國家語言

不同語言與族群，都必須受到尊重，但
更重要的是，各族群也急迫需要建立一
個以台灣為國家認同對象的共同體。

由行政院文建會主辦的「多元族群與文
化發展會議」，從二〇〇四年十月十六日起
在國家圖書館召開，陳總統除親自參加「文
化眾議院」座談，聽取專家學者之外，並發
表談話，強調政府將推動「國家語言發展
法」，讓各族群語言都成為「國家語言」，受
到法律保障，以促進族群的和諧合作。

這場會議的召開，顯示民進黨政府對於文
化建設和族群和諧的強烈重視。與會的學者

專家也莫不提出建言和研究成果，不分族群
出身、無論本省外省甚至外國人，都在會議
中中肯陳詞，共同為台灣的族群與文化問題
把脈。國策顧問柏楊建議總統「促進族群融
合，多用善意來尊重，美的語言來溝通」，
國策顧問阮銘則表示，國家認同可以超越語
言、文化和族群認同，中研院研究員蕭新煌
也呼應認為，台灣認同是我們共同認同，是
國家身份，也是公民身份。這些讜論無一不
說出了當前台灣二千三百萬人的共同心聲：
不同語言、不同族群，都必須受到尊重，台
灣的多元文化就能開花結果；但更重要的
是，在多元族群與文化都充分獲得保障、享
有自主發展空間的同時，先來後到的不同族
群也急迫需要建立一個以台灣為國家認同對
象的共同體。

　　目前，文建會已經在整合的「國家語言
發展法」草案，主要精神就在強調各族群的
語言平等，都具有「國家語言」身分，並強
調要積極搶救即將消失的語言和扶持弱勢語

　　民進黨主政之後，本土文化和族群重建意識逐漸上揚，從教育乃至國家考試都逐步調往正視閩、客、原語言與文化的方向，以補正過去威權國民黨年代壓抑這些族群語言與文化的錯誤。遺憾的是，過去居於文化霸權的泛藍陣營因此產生危機感，不斷抵制相關的教育文化乃至考試的各種改革，汙衊民進黨政府正視台灣所有族群語言公平性、平等性和發展性的努力。他們以「大福佬沙文主義」一詞醜化政府的文化政策，來加深外省族群的危機意識，加大客家族群、原住民族群的疑慮。對照此際「多元族群與文化發展會議」的實質議題（將四大族群語言列入「國家語言」）就可證明泛藍政客的汙衊詆毀純為空穴來風。民進黨政府重視台灣各族群（包括外省族群）語言、文化多樣性與多元發展的態度與努力，應為全體台灣人民共鑑。

　　不過，我們也必須指出，在族群認同、語言認同的互相了解與尊重之外，今天的台灣也需要建立一個跨越族群認同、語言認同之

上的國家認同。當所有族群及其所使用的語言受到國家法律保障、並提升為相互平等的「國家語言」之後，自然不會再產生「獨尊一語」或一族的單一霸權，各族群也自然足以獲得語言和文化平等發展的空間，那些此際即將消失的語言、和愈趨弱勢的語言，也才稍可獲得生存機會。在這樣的平等基礎之上，國家認同就必然會成為各族群、各語言和文化發展的共同體，國家為各族群、各語言所共同擁有，各族群、各語言對國家的認同自然也就容易凝聚。而台灣既然是四大族群生活以賴、生命以繼的土地，以台灣為國家認同對象，應該就是四大族群共同的、唯一的選擇。

（2004/10/17，台灣日報「社論」）

19

早日澄清威權歷史留在
台灣民間的重重陰影

　　中研院研究員吳乃德於二○○五年二月二十一日在總統府國父紀念月會中以「回首來時路：威權遺產或民主資產」為題，進行專題報告。在這場報告中，吳乃德針對當前台灣不同族群的歷史記憶衝突，建議政府參考瓜地馬拉在民主轉型之後成立「歷史釐清委員會」，訪問民眾、蒐集證言、開放官方紀錄，最後出版總結報告《對沈默的記憶》，將瓜國政府過去迫害人權的事件向外界公開的做法，全面釐清我國威權統治年代的歷史遺產，轉化成為民主資產的報告書。

　　我們對於吳乃德的這一個報告，甚為重視，也相當肯定身為歷史學者的吳乃德的洞

見。誠如他所言，任何國家在處理威權統治
遺產之時，往往面對法律、倫理、政治的種
種棘手問題，因為一旦全面追究威權年代的
問題，就容易導致民族之間的衝突，然而雖
然也有國家選擇不處理威權統治遺產，短期
內似可避免社會分裂，但長期而言則不利於
民主政體的健全發展。台灣解除戒嚴至今，
由於國內族群省籍問題糾葛，政治上又有統
獨意識形態對立，國家認同分歧，因此儘管
多年來有識之士不斷呼籲政府成立類似南非
的「真相和解委員會」，將威權年代國民黨
政府及其加害者的罪行加以調查，伸張正
義，但迄今仍然未能落實到政策上，歷史真
相未能彰顯，族群之間的疑慮也未見化解，
吳乃德說，「真相不一定能帶來和解，但沒
有真相，不可能有真正和解」，就是最佳的
註腳。

　　像瓜地馬拉政府那樣，在民主轉型之後
立刻成立「歷史釐清委員會」，該會於五年
內造訪該國二千多個社區、訪問兩萬多人、

收集七千多個證言、閱讀所有官方紀錄，而
於一九九九年出版總結報告《對沈默的記
憶》，將瓜國政府過去迫害人權的事件向外
界公開。這樣做是最文明的做法，沒有人被
判刑，沒有人遭到類似中國文化大革命時期
公審、批鬥、勞改甚至凌虐致死的處置，這
樣的做法，應該是台灣朝野及所有人民都能
接受、也樂於見到的做法。以最先受到政府
重視的二二八平反為例，立院通過二二八處
理條例之後，政府道歉、補償之外，迄今仍
無法釐清歷史真相，確定元兇，還給冤屈
者及其家屬公道；至於株連甚多外省族群的
「清鄉」掃赤整肅，以及隨後的白色恐怖統
治，至今更是未見政府具體調查真相。這樣
的歷史模糊，導致真相模糊，不同的族群和
人民之間深藏的憤怒、疑慮未能獲得化解，
也就欠缺共同的歷史記憶，社會上的和解當
然不易達成。

陳總統自第二任期上任以來，不斷以身作
則，呼籲朝野化解仇恨，團結在一起，最近

更具體推動政黨和解，希望營造朝野政黨良性互動的氣氛，讓台灣社會及各族群之間攜手合作，創造和諧社會。這樣的作為，我們深為贊同，不過，我們也必須指出，社會和諧、族群攜手，除了政黨之間通過對話，尋求合作空間，不再政治惡鬥之外，還需要通過歷史真相的釐清、歷史記憶的深刻，以及歷史公道的彰顯，來做為凝聚社會共識、深化歷史共同記憶的凝結劑。要達成這樣的大和解，就必須全面針對二二八以降國民黨威權政府統治五十多年間的威權遺產，加以全面清理，也需要讓身歷其境、曾遭迫害的人民有所傾吐，並嚴謹、全面整理官方資料，委由受到朝野各界敬重的歷史學者研究，並提出報告。這樣做，才能真正澄清威權歷史留在台灣民間的重重陰影，照亮黑暗的角落，還給台灣歷史和台灣社會真相與公道。我們希望，朝野政黨重視歷史真相的調查和釐清，支持政府早日成立委員會，來使台灣社會和族群因為歷史因素留下的仇恨早日化

20

台灣人的集體記憶和
歷史意象：

讀姚嘉文歷史小說《霧社人止關》

一九八七年，因美麗島事件而繫獄七年
的姚嘉文先生，由《自立晚報》出版他的長
篇歷史小說巨著《台灣七色記》，這套長達
三百萬字的小說，計分七部十四冊，外加
《前記》共十五冊，姚嘉文從公元三八三年
寫起，寫到一九八四年，時間縱深長達一千
六百年，七部小說書名各有不同顏色：白版
戶、黑水溝、洪豆劫、黃虎印、藍海夢、青
山路、紫帽寺，照時代序，串連成台灣人的
歷史故事。根據姚嘉文在《前記》中的說
法，這套小說的歷史背景力圖呈現「台灣是
中原河洛人大批移民的終站點，是世界海陸

勢力的幅軸點，古來歷史多采多姿，今來形
勢有色有澤」的特色。

歷史小說的寫作，對於任何一位作家來
說都是高難度的挑戰。當時的姚嘉文以律師
從政，參與黨外民主運動，因美麗島事件下
獄，而能在獄中堅定心志，大量閱讀台灣史
文獻與著作，斟酌歷史和小說之間的虛實，
研磨歷史小說的敘事模式，寫出台灣人的故
事，更屬不易。在強調事實根據的歷史和以
虛構為法的小說書寫之間，《台灣七色記》
的推出，無疑又為台灣文學向來較匱乏的歷
史小說增添了風采。這是晚出於鍾肇政《濁
流三部曲》、《台灣人三部曲》、李喬《寒夜
三部曲》，早出於東方白《浪淘沙》的歷史
大河小說。

姚嘉文出獄之際，我正擔任《自立晚報》
副刊主編，有緣先睹他的巨著，並為《黑水
溝》撰寫評論，我以〈驚濤鼎沸勢如山〉為
題，論述這部描寫鄭氏王朝覆亡的小說，如
何以台灣海峽的怒浪驚濤做為象徵，隱喻台

灣人在面臨選擇時如何做出符合台灣利益與前途的判斷。在連胡會剛落幕不久的今天，重讀《黑水溝》，更讓我佩服姚嘉文當年對台灣出路、對政治人物在兩岸問題上的政治判斷良窳之針砭。

時隔十九年，姚嘉文最近又出版了《霧社人止關》新著，繼續向歷史小說的高度挑戰。這部小說以埔里、霧社為歷史場景，透過男女主角中國東北滿洲人廣青松和泰雅族女性田櫻洋的愛情故事，舖展二二八事件之後國民黨政府在埔里、霧社地區進行清鄉掃蕩，逮捕異議人士、整肅異己的故事。小說從一九四七年三月展開，寫出二二八事件後台灣人民（無分省籍）遭到恐怖統治的悲運。情節高潮起伏，故事動人，深刻凸顯大動亂年代中人性的光明面和黑暗面，具體刻畫了國民黨控制思想言論的幽微面和荒謬面，都令讀者有不寒而慄之感。

小說敘事的地點霧社人止關，在大清帝國統治時期乃是原住民與漢人分界之處，地

勢險峻陡峭，日本治台初期曾爆發日本軍警
圍剿泰雅族遭抵抗而敗退的「人止關之役」
（一九○二年），姚嘉文以此地為書名，開闢
故事，有轉喻一切政治壓迫和暴虐統治必受
人民抵抗的意涵。因此，這部小說在處理二
二八事件之後國民黨清鄉、台灣人不滿的細
節之外，也特意把歷史縱深推到一七八六年
大清帝國治台時發生的「林爽文事件」、一
九三○年日本治台時發生的「霧社事件」，
以迄一九四七年國民黨武力壓制二七部隊的
「烏牛欄橋之役」。這三大歷史反抗事件都
在埔里、霧社地區爆發，加上「人止關之
役」，使得整部小說在歷史背景的映襯下更
顯悲壯，因而有助於讀者對於台灣人民如何
在歷史長廊中反抗外來統治的事蹟有更明晰
的認識、更深刻的理解。這是這部歷史小說
顯映的可貴意義。

　　在情節鋪排的部分，姚嘉文安排了來自中
國東北的廣青松和出身泰雅部落的田櫻洋，
敘述兩人之間似有若無的愛情，相較於男女

私情的纏綿悱惻，更加凸顯二二八事件後威權政治對台灣社會和常民生活的嚴酷干涉，及其因此引發的族群矛盾的病灶。廣青松和田櫻洋，做為不同族群的隱喻，可以超越血統、超越政治而相互疼惜、愛憐，卻因政治而無法結合，終章藉由進入老境的廣青松常說的話「很多人很多事想不通」總結，除了彰顯尋常百姓對於政治涉入生活的無可奈何之外，也有提醒今天的台灣人民「歷史會過去，人物會死亡，記憶卻不會消失」，必須謹記歷史教訓，不讓歷史錯誤重演，才能免於另一次政治浩劫的意旨。

林爽文事件、人止關之役、霧社事件、烏牛欄橋之役，這些事件都已過去，但霧社人止關還在我們的土地上。展讀《霧社人止關》，可以讓我們重回一如新史學家詹京斯（Keith Jenkins）所說的「未現身的在場」（absent presence），從中看到台灣歷史如何在一個像人止關這樣的小地方、在廣青松和田櫻洋的男女私情中被繁複地展開。真實的

地歷史的深化、對台灣精神的召喚，為當前
的台灣文化所迫切需要；把眼光探向台灣以
外與我們的未來密切相關的國際社會，追索
二十一世紀來臨後台灣無可迴避的與國際社
會的共同問題，諸如戰爭與和平、愛與仇
恨、族群與國家的諸多課題，同樣也是當前
的台灣文化領域所不能忽視。

　　拜讀這些來自全國各地多半是年輕一輩
詩人的作品，因而讓我對於政治紛亂之外的
台灣具有更大的、更多的、也更堅定的信
心。當前台灣政治的亂象，如果說是因為
政治人物之間爾虞我詐、以鬥爭為能事，
不以蒼生百姓和台灣價值為念所導致的結
果，那麼，一個更開闊的、包容的文化的養
成和累積，一個既能往前追溯台灣歷史與
典範，往後前瞻台灣與國際共同問題的文化
思維，或許才是台灣明日希望的所在。儘管
這些詩作只是文學領域的作品，但其中象
徵的則是新一代台灣作家的視野、胸襟和
格局，同時也提醒了我們（曾經經歷過外來殖

民統治、威權獨裁統治，因而殘留著一些憤慨、不平
的）這一代，新的台灣世代將以異於我們的
眼光、胸襟和視野，在即將來到的明天處理
我們今日無法處理的問題。在文學書寫上如
此，在其他領域如此，在政治領域也必然如
此。對立、暴戾、你死我活，將被協商、理
性和共榮共存的新思維所取代。

　　我的樂觀，還可以從公共電視即將開播
的「我們同國」得到一些印證。這是公視二
〇〇五年企劃的「多元文化運動──族群議
題」系列報導的總呈現：公視選定中央、中
正、世新、東華、輔仁、義守等六所大學師
生參與其中，進行跨族群的田野調查、訪問
與對話，計畫完成五十個個案報導。根據公
視新聞部製作人呂東熹的說法，公視製播此
一節目，目的在於推動台灣各族群的文化交
流、學習與理解，同時也希望透過相應的跨
文化運動，讓各族群擺脫自我中心，進而認
同多元的文化特色與價值。事實上，公視早
在十月初已經先將其中由各大學學生完成的

報導作品（完成三十七篇，收錄二十三篇）出版為《我們同國》一書。我仔細閱讀這本由六所大學年輕學生完成的報導作品，看他們深入原住民部落、眷村、客家庄、高山農場、教養院、菜市場以及離島地區，訪問他們認識的或者不認識的各族群小人物，歷史的暗影在其中飄動，傷痕、苦痛和不同生命的印記在時光的記憶中顯現。由這些深入底層的報導中，被懶惰的媒體冠以「草莓族」的七年級生，真誠而用心地寫出了當前台灣多種族群錯綜複雜、而又繽紛多樣的生命經驗與生活故事。

　　公視的企劃節目和這本主要由七年級學生撰寫的書，要探問的是：我們「同國」嗎？這是個有趣而又嚴肅的議題——在台灣當前的政治氣氛和格局下，我們，來自不同所在，走過不同年代，擁有不同記憶，而又各有不同族群背景的我們，是不是同一國的「國人」？顯然是兩千三百萬人或多或少都會浮現心頭的疑問。站在台灣黃色的土地

上，探向青山綠水、藍天白雲，以及偶而出現的七色彩虹，我們，由各種不同的族群背景組成的人，和這些景色一樣，當然都是同國的國人，一如我在八〇年代寫的詩〈立場〉所述，「我們一樣／呼吸空氣，喜樂，或者哀傷／站著，且在同一塊土地上」；然而，我們又好像不是同國的，我們的國家認同不一，我們經常因為政治議題相互吵架，導致族群問題也隨之捲入；統獨、藍綠之分，從兩千年之後，就更加嚴重地干擾到我們的生活，成為我們社會共同的亂，也成為我們心頭皆有的痛。

要解決這樣的亂象，打開這樣的心結，不能依靠政治人物，得靠我們每個人從自身做起。公視在這個時刻推出「我們同國」的系列報導，展現新世代台灣青年深入台灣各角落採訪的人民的故事，因此會是一個好的開始，值得我們重視。透過新一代台灣青年的眼光，透過他們不受政治污染的純潔的心，我們這才看到台灣最真實的族群的容顏，聽

到與我們一樣踏在這塊土地上的「同國」的人的聲音，這當中顯映的不是政治的邪靈，而是多元種族、多樣面向、多姿多彩的生命經驗，交匯、分流，而又展開、壯大的台灣圖像：我們在這個不同的出身、共同的時空經驗中，學習相互理解、尊重、欣賞，才能凝聚出一個可以認同的共同體。

新一代的台灣青年用詩、用影片和紀錄，告訴此刻仍陷入政治教條思考的我們：眾色繽紛的新世紀已經展開，一個多元與多樣並呈的台灣新文化即將浮現！

（2006/10/29，自由時報「星期專論」）

二

教

育

Education

22

推動全人教育內涵，
激發學生學習興趣

　　建中高一數理資優班林姓學生日前在家
中上吊自殺的悲劇，連日來引起各界關注與
討論。林姓學生就讀的是全國有名的名校，
數理資優班必須是高手中的高手才能進入，
而他在班上的成績又是全班第一。按理這樣
學習能力極強的年輕人，擁有為人稱羨的人
生美景，應不致輕生才是，結果卻還是承受
不了心理壓力率然結束了寶貴的生命。這個
悲劇，值得國人省思，我們的教育改革盲點
何在？名校資優生都無法抵抗壓力、紓解情
緒，面對挫折，問題何在？

　　中研院院長李遠哲日前參加第四十一屆中
小學科展時，有感而發，希望為人父母者想

開一點，不要老盯著子女唸名校，因為興趣不符，就算擠進名校，一樣唸得很痛苦；父母如果不讓孩子做自己喜歡的事，孩子是不會幸福的。李遠哲的這段談話，道出了當前教育問題的癥結，就在於不從孩子的興趣、能力出發，反斤斤計較世俗的標準和成績至上、名校第一，結果當然使得教育改革功虧一簣。事實上，根據學者研究，多半資優生可能在專長的部分「資優」，卻在其他方面的學習一片空白。換句話說，會唸書，不表示身心成熟，更不表示在生活、感情與生命態度上也資優，反而更需要家庭和學校協助輔導。建中高一學生輕生事件，就是顯例。

這個資優生輕生事件，毋寧是對當前教育改革方向提出的警訊。長年來，不管在教育制度或社會制度上，國人都迷信名校學歷，強調資優，生怕孩子輸在起跑點上，家長要求孩子以讀好書為要，學校也只管學生成績好壞，而社會則以學歷與名校做為人才檢驗的唯一標準。從政府到民間、從家庭到

學校，形成了只重學歷不重實力的文憑主義和升學主義，導致教育方向和內容的偏差傾斜，對具有各種發展潛力的學生產生莫名的壓力，甚至扼殺了他們的學習興趣和創意。林姓學生的輕生悲劇，因此也可以說是此一集體文化下的犧牲品。

以李安和林懷民為例，他們的成就，並非來自學歷或名校，而是來自興趣和堅持，就充分說明了學習興趣的培養、創造能力的開發、生命前景的規劃與堅持，才是教育的核心意旨，這些不屬於課本的能力，遠比在校成績多寡、學校排名前後、學歷高低重要。遺憾的是，教育改革推動多年，聯考也走入歷史，仍然無法驅除學歷主義和名校心結。這幾年來，九年一貫新課程、多元入學方案，以及國中基本學力測驗實施等教改政策逐一開展，老師、家長和學生的壓力不減反增，原因就在教育改革仍不夠徹底，培養學生成為全人的教育內涵仍然極其匱乏。李遠哲強調，教育必須「避免讓學生讀死書、死

讀書，激發學生的好奇心、創新力，進而開展更好的前景」，此之謂也。

　　教育的目的，在於培養健全的國民，教育機制和內容設計，當然應以此為重要考量。因此，學校與家庭必須屏除智育第一的積習，提供學生全人教育的發展環境；學校也應該因材施教，讓學生在課本知識之外，也具備處理生活、人際、情感的能力，學習面對生命課題，讓他們在快樂成長與熱情學習中發現自己，掌握自己，進而開發他們的想像和創造能力，使這些年輕的生命發光發熱，因而珍惜生命，才能蔚為明日國家的棟樑。教育改革是永無止境的道路，技術層面的改革當然重要，但在傳出青年學生自殺輕生事件警訊之後，推動並落實全人教育理念與內容，已經是教育當局刻不容緩的急迫要務。

（2001/03/28，台灣日報「社論」）

23
為台灣文學的健全
發展進一言

　　小說家、國策顧問李喬日前應邀在總統府
國父紀念月會發表專題演講，李喬以「台灣
文學的發展」為題，分別就創作、文學史、
文學教育等角度提出看法。長年從事文學創
作與教育的李喬，應邀向政府文武百官演講
台灣文學議題，可以說是國父紀念月會首
見，具有相當的意義，也彰顯了陳水扁政府
對台灣文學與文化發展的重視，值得肯定。

　　根據李喬的看法，台灣文學以寫實為主
要形式，以反抗殖民、反對封建、抵制迷信
以及譴責「三腳仔」（台奸）為主要主題，是
最富人道主義的平民文學；然而台灣新文學
發展迄今八十年，卻仍然舉步維艱，除了無

形的文化癥結之外，有形的困境還有：一、
威權時代不能自由創作；二、政策錯誤、語
言受傷，造成各族群母語逐漸乾枯貧瘠甚至
消失；三、命名與分類之爭消耗文學動能；
四、教材限制，當代台灣文學作品進不了學
校，現在雖然略有改善，但距離「正常」還
很遙遠；五、外譯不力，不能進駐國際文
壇。

　　李喬提出的這五點分析，具體而微地指出
了台灣文學的困境所在。台灣文學自一九二
○年代發軔，先後歷經日本統治與國民黨威
權統治時期，受到外來政權壓迫與文化霸權
的雙重斲傷至深且鉅。日治時期台灣文學創
作遭受皇民化運動全面廢除漢文的影響，一
度必須以日文書寫為之，導致三○年代台灣
話文運動中輟；迄戰後國民黨來台，在戒嚴
體制下，強力推動「國語」政策，致使台灣
作家無法以其最嫻熟的語言從事創作，而白
色恐怖年代政治檢查綿密，言論思想自由都
付闕如，文學創作更是受到嚴重抑壓，直到

八〇年代中期之後，方才逐漸鬆綁。這樣漫長的年代中，台灣文學創作的先天環境艱困異常。這是台灣新文學發展匪易，成長遲緩的結構性原因。

此外，國民黨威權統治時期獨尊國語，更使台灣在地語言，無論原住民族或本省族群都遭受污名化與邊緣化，各族群語言被排除於教育體制與公共領域之外，不但形成母語文學創作的困難，更使少數民族的文化因而式微，導致台灣文學原有的多樣性與豐饒性大為減縮。連帶地就帶來台灣文學界的語言抗爭與文學社群的劃分，這就是李喬感慨的所謂「命名與分類之爭」，台灣文學內部動能也因此無謂消耗。

解嚴後，台灣已經在政治體制上實現民主自由，提供給文學創作寬廣的空間，解決了過去的結構性問題。不過，由於教育改革遲緩，迄今仍未落實母語教育，通用拼音與漢語拼音之爭，莫衷一是；而語文教材內容

革新有限，當代作家作品數量與篇幅均嫌不足，台灣作家為台灣土地與人民撰寫的佳作，未能受到台灣社會的認識與肯定。在外譯台灣文學作品推向國際部分，成效不大，數量嫌少，也無法滿足國際社會認識台灣與台灣文學的需要。這些迄今存在的問題，應是扁政府振興台灣文學與文化的首要工作，行政院必須透過政策釐定與預算編列加以落實。

我們認為，新政府上台後，凡百施政面對阻力甚大，但文化重建與文學推廣則朝野都具共識、爭議不大，且足以提供台灣社會豐饒的心靈之美。教育部在母語教育、語文教材編寫與拼音政策上應該劍及履及，即行改革；文建會在台灣文學外譯、世界文學經典與學術著作漢譯部分，應擬訂辦法鼓勵民間參與；新聞局在獎勵廣播電視電影之外，也應著手促進台灣文學與國際社會的接軌。政府如能針對這些當下即可進行的改革用心用

　　這個問卷調查主要是針對台北市、台中市與高雄市二十歲以上的人所做，調查目的在於探討台灣閱讀人口分布，勾勒台灣閱讀生態的樣貌，以做為社會與出版界的參考。雖然抽樣的地區只有北中高三個城市，但由於台灣的主要文教地區和出版工業也多半集中於此，因此相當具有代表性，顯現在知識普及與資訊流通的今日台灣，人人都知道讀書和吸收資訊相當重要，但實際從事閱讀行為的人卻仍屬少數。當我們夸夸而談台灣已邁向開發國家之林、要提倡知識經濟的此際，這樣的問卷調查結果無疑已發出了警訊。

　　以世界先進國家的標準來看台灣，台灣的平均識字人口和教育水準雖然已不遑多讓，但一般國民踏出校園進入社會之後，仍能繼續保有閱讀習慣的人口相對而少，這就是此次閱讀習慣調查透過數據提供的重要警訊，顯示國人缺乏閱讀習慣，缺乏求取新知的興趣，而且往往隨著年紀的漸增更加遞減。從社會生活的實際面向來看，也是如此。國人

出國旅遊印象最深刻的，特別是在近鄰日本，應該是都會地下鐵和重要交通工具上，幾乎人手一冊，人人以閱讀為樂。這種時時不忘求知、充電的閱讀習慣，在台灣相對罕見，閱報讀書，本來應該是現代社會最普遍的風氣、先進國家的重大指標，但在台灣竟反其道而行，不能不令人憂心。

問卷也顯示不讀書的社會中人，高達六成四表示主因是「太忙了」，這正是台灣閱讀風氣不高的病灶所在。細究起來，成年人疏於接近書籍，閱讀好書，吸收資訊，看似因為忙碌，其實是因為他們沒有養成閱讀習慣，缺乏通過閱讀提昇自我的認知。因為社會多數人不閱讀，導致缺乏開闊的想像和深厚的知識基礎，事實上也容易造成國民競爭力的下降，這也是台灣文化提昇不易、產業升級遭遇瓶頸的重要原因。

所幸近年來，政府相關單位已發現此一問題，開始重視閱讀風氣的推動。前不久，文建會主委陳郁秀在讀書會座談會上表示，未

來政府將規劃辦理大型故事棚、故事月、書香計程車、寶島賽書香等活動,以推動新一輪的讀書會活動;而此刻由國家圖書館與各縣市圖書館聯合推出的「藝想天開,愛鄉讀鄉」閱讀活動也正在全國各地展開,希望鼓勵家長引領孩子親近藝術,體驗閱讀樂趣,培養真正的讀書習慣。

亡羊補牢,猶未為晚,我們希望朝野各界一起用心努力,將這類閱讀活動進一步推廣到社會、產業界之中,形成全民讀書閱報的熱潮,讓生活忙碌不再成為不讀書的藉口,也讓閱讀進入我們的社會,成為人人心靈成長的喜悅。

(2001/07/18,台灣日報「社論」)

而有系統重新整編台灣的歷史、地理、社會、文學和民主發展、國家定位議題的套書，總共邀集五十位學者協力參與，書成之日邀集讀者參與，分享台灣知識，依照過去的閱讀風氣，能出席個一兩百人就已相當成功，當天湧進一千多人，或與主題國家認同、李登輝前總統出席並發表談話有關。

　　但深入來看，這場發表會並無「當選」口號，也毫無選戰激情，李前總統的談話扣住的是認識台灣的迫切性和國家認同的必要性，全場鼓掌達十餘次；參與座談的學者報告編寫過程、內容和心情時，同樣贏得在場讀者的掌聲──這樣一套認識台灣的教材的發表會，有這麼多讀者關心、參與，顯然還隱藏著更深層的原因：那就是生活在台灣的我們，迫切感覺到對於生身之地的史地和文化認識之不足，而使這套書受到高度期待。新書發表會的成功，力量源自於此。

　　生在台灣、長在台灣、活在台灣，卻不認識台灣，是個普遍現象，包括已近半百，

長期在媒體、寫作和學術領域學習的我，至
今都苦於對台灣了解不足，導致無法正確掌
握台灣的現在、評估台灣的明天。這樣的現
象，與長久以來的教育機器及內容有關，解
嚴後推動的教育改革，迄今似乎也仍無法滿
足國人迫切的需求。台灣知識的斷層現象因
此出現，意識形態的糾葛也因此浮出，表現
到以權力之擁有和施為做為目的的政治行動
中，從而就會出現國家認同的分歧或混淆，
表之於政治（特別是選舉），族群矛盾就容易
被操作。總統大選進行以來，我們所看到的
亂象、我們切身感受到的憂心，無一不來自
於此：我們爭辯誰愛台灣，誰是台灣人，卻
把認識台灣這樣基本的功課擺到一邊，忘了
今天出現的問題，要從最根本的台灣的認識
來解決。

李登輝學校不做政治短線操作，嚴謹而
用心地編纂《願景·台灣》套書，以知識和
歷史為基礎進行論述，提供台灣社會了解台
灣的做法，應該被社會和媒體所重視；做為

論述，這套書當然存在著論述立場和政略，足供公共領域論辯／攻錯之用。遺憾的是，身為公共領域最重要的論壇，我們的媒體卻寧用十分鐘報導韓星裴永俊星迷會，而吝於花一分鐘關注一套有關台灣知識的新書，媒體愛花邊／八卦，不愛知識／議題的問題，不只在處理這套書的發表會的新聞上出現，也在非關花邊／八卦的其他領域新聞報導取捨上出現。台灣的媒體而不關注台灣的知識和公眾議題，從這個角度看，可能也和缺乏對台灣的認識有關，從而使得媒體寧可擁抱韓星，卻割捨掉一場一千多人參與的與認識台灣有關的議題。台灣的國家認同之所以分歧、混淆，媒體也難辭其咎。

（2004/03/09，中國時報「名家專論」）

26
以台灣文學教學與研究
清澄台灣的真實圖像

　　從一九九七年真理大學開辦台灣第一個台灣文學系以來，台灣文學系所在台灣的大學中，由北到南逐一創設，截至目前為止，計有成功大學、清華大學、台北師範學院、靜宜大學、台灣師範大學、中興大學、中正大學，以及即將招生的台灣大學、政治大學等所系，這些台灣文學教學、研究所系的設置，提供給台灣的學子認識、了解與研究自己國家的文學發展的機會，也深刻化並且廣延化了台灣文學的內涵與外延，長久以來被置於中國文學之下的台灣文學教育與研究終於獲得自主生長的空間。這樣的改變，既說明了台灣的教育體系已經正視到台灣文學與

文化的歷史存在和現實發展，同時也象徵了隱藏在台灣文學發展背後的台灣圖像已經更加明晰。

在時間和空間的縱經橫緯上，台灣文學指的當然是在台灣這個土地上生發的文學，這些文學的產生來自不同的族群生活經驗、不同的時代脈絡與社會結構，殘存著歷史的色澤，顯現著地理的紋路；但更重要的是，創作文學的作家以及他們創作出來的文本，無論自覺的或不自覺的，都在書寫台灣的圖像。台灣圖像的浮出，使得台灣文學與台灣社會的共同記憶與共同想像方才取得交集，對台灣土地與人民的認同也才可能更加細密、深刻。這是為什麼我們必須重視我們自己的文學的主要原因；從另一個角度來說，如果台灣社會不重視台灣文學，或者甚至誤以為台灣沒有文學，即使有也是中國文學的旁枝、邊陲、支流，則台灣文學就沒有存在的意義，台灣的共同記憶和共同想像就無以凝聚，延伸來說，台灣的歷史和圖像、台灣

社會不同族群不同時代中所有的努力、成就或經驗，也就毫無價值了。文學書寫，與歷史書寫一樣，都是台灣圖像的建構，沒有文學、沒有歷史，也就沒有台灣可言。

正因為如此，我們對於台灣各大學設置台灣文學系所，讓台灣的下一代有機會接觸台灣的文學，讓台灣的文學能因為教育而普及、因為研究而深刻，自然應該樂予肯定、支持、贊襄。更多的大學設置台灣文學系所，象徵的是更清晰的台灣圖像可望通過文學的潛移默化成為台灣社會的共同記憶和想像，通過這樣的非政治的想像與記憶的凝聚，台灣的認同也就水到渠成，毋庸政治人物操盤費心。但實際的情況是，根據教育部統計處的統計資料顯示，截至九十二學年度台灣的公私立大學院校數量已達一百四十三所，其中科技大學及技術學院為七十三所；碩士班二一八五所，博士班五八八所。在如此驚人的數量下，相對起來，十個台灣文學系所的存在，根本如大河中的碎石細沙，

微不足道。即使扣除科技大學及技術學院數
量，綜合大學仍有七十所，台灣文學系所僅
居七分之一，這又不能不令所有關心台灣發
展的人感到高度憂心、高度遺憾。

　　何以台灣社會在政治解嚴之後能夠快速通
過寧靜革命而取得政治民主化、台灣化的成
果，在經濟上又快速邁向資本主義化、全球
化，而台灣的文學（兼及藝術、戲劇、歷史以及
其他文化領域）的自主和多元發展卻又如此緩
慢？原因相當複雜，但約略來說，主要因素
不外三點：一、台灣長久以來是個移民社
會，移民社會首重經濟利益，兼及與經濟利
益息息相關的政治利益，文學與人文的吸
納、提升較不為移民社會所重視；二、四百
年來台灣歷經殖民政權先後統治，形成一個
自主性匱乏的殖民社會，台灣文學與文化長
久以來在殖民統治者灌輸的以殖民為目的的
文化霸權宰制下早已陵夷殆盡，破碎不堪，
要在民主體制初現的階段立即補闕救殘，
自屬不易；三、台灣文學與文化在教育體制

中雖然已經受到正視，但在與教育體制具有同樣影響力的大眾媒體領域中，卻還是遭受頑抗與排斥、誤解與曲解，大眾媒體（特別是電子媒體）對於台灣文學與文化的重視不只不夠，還經常出現鄙夷的報導，以中國文學與文化為框架，排除台灣文學與文化的經常性報導，久而久之，台灣文學、文化與台灣社會就產生脫鉤現象，台灣文學被視為「邊疆文學」或「中國文學的支流」也就不足為奇。

反過來說，在這樣糾葛著移民社會心態、殖民社會殘毒以及主流媒體歧視框架的複雜環境中，台灣文學系所七年來能在高等教育體系中成長十所，雖然令人不無遺憾，也算彌足珍貴。因此如何在既有的基礎上，提升台灣文學研究水準，改善台灣文學教育環境、調度台灣文學教學研究與媒體、社會的互動關係，滿足學生對台灣文學與文化的認知與追求，進而使得台灣文學的教學研究與當代台灣的共同想像結為一體，就是所有新

設的台灣文學系所應該積極因應的急務;而
如何獎掖台灣文學教學與研究、鼓勵尚未設
置台灣文學系所的大學院校新增相關系所、
提供這些既有的和將來的台灣文學系所更充
裕的資源,則是政府和社會共同的責任。

　我期望我們的政府和社會多給台灣文學系
所祝福與奧援。台灣文學曾在這塊土地上遭
到壓抑、扭曲,新增的台灣文學系所愈多,
被壓抑扭曲的台灣圖像就愈能澄清,台灣主
體性和台灣認同就愈能深植台灣社會。在這
個理由下,不只台灣文學系所的增設應被期
待與鼓勵,台灣歷史、地理乃至藝術人文系
所的增設、教育內容的增強與改革,都有待
政府、社會和學界共同努力,來彌補台灣教
育、學術研究偏離台灣共同記憶和共同想像
的缺憾。

（2004/10/31,自由時報「星期專論」）

27

駁斥許倬雲所謂「本土化淪為狹隘社區意識」的讕言

　　前不久曾針對考試院公務人員初等考試「本國史」科目只考台灣史，而主張監察院應對考試委員林玉体「跋扈行為」有所糾彈的中研院院士許倬雲，日前在由「中宗社」和聯合報系主辦的一場研討會中又發表了一段「本土化已淪為狹隘社區意識」的反常識論調，這位長年久居美國的歷史學者，將目前教育部進行的歷史、地理與國文課程綱要的修訂，不分青紅皂白，全部視為政府執行的本土化政策，並且認為這個本土化政策「整體上只表現為一種社區意識」，而且是「狹隘的」、「排他性很強的」；接著話鋒一

轉，他就推論出「排他性如果日趨嚴重，會造成族群分裂，情感會轉成仇恨，排他會轉為迫害，形成社會悲劇與沉淪」。

　　許倬雲如果只是政客，這樣的談話一點也不令人奇怪，高中國文課程大綱微幅縮減文言文時，親民黨政客就用「去中國化」來標籤，宋楚瑜甚至形容民進黨政府在搞「文化大革命」，政客的說辭，不需要學問，不需要邏輯，幸好人民也不在意他們的口水。然而，許倬雲身為歷史學者、還是地位尊崇的院士，他居然也患了政客的毛病，不必舉證、不顧邏輯，但憑感覺，就指稱教育內容的改革是在推動「狹隘的」、「排他性很強的」社區意識，卻又說不出一番道理來。這樣的學者、院士，難怪林玉体批判他「在專業上享有院士頭銜，但在常識上，連俗儒都不如！」

　　許倬雲把本土化解釋為「社區意識」，就是一個違反社會學常識的說辭。本土化基本上意味著由外來文化或制度宰制體制轉化為

「本國史地」不能只有「台灣史地」，必須包括「大陸史地」，很顯然的他的「本國史地」是在台灣之外還保括了中華人民共和國的史地，這樣的中研院院士，接受的是哪個「本國」的國家名器？他的曲解教育部對於歷史、地理與國文課程綱要的修訂，因此顯然也存在著同樣的思維，那就是「本國」不能只有「台灣」，還必須包括「大陸」；根據這樣也有問題的政治學常識，於是他推論，只有台灣的本國史地與國文，就是「狹隘的」、「排他性的」社區意識。嗚呼，這樣的院士，真是「本國」的院士嗎？這樣連基本社會學、政治學知識都嚴重匱乏的「學者」，還稱得上是學術地位崇隆的院士嗎？

進一步說，就算以史學常識來評量這位以史學專業著稱的學者，他的台灣史常識也大有問題。以他所舉的台灣史上的漳泉、閩粵械鬥為例，許倬雲認為這都因為「狹隘的社區意識，重情感，但也重情緒」所導致，就對台灣開墾史完全無知。漳泉、閩粵械鬥

136

基本上與社區意識扯不上任何關係，當年先民來台開墾，多屬移墾，因此招募同鄉、同族、同宗大批來台，為爭墾地、水利，乃至因為口角爭執都可能產生械鬥現象；而械鬥除漳泉、閩粵之外，尚有異姓、職業與異縣等三類，合為五類，無一和社區有關。很顯然，許倬雲或許專精於中國史的某一部分研究，但對台灣史的了解則連今日大學生都不如。以這樣的史學素養，「院士」名銜，作出「本土化淪為狹隘社區意識」的讕言，一方面令識者扼腕，一方面也令必須繳稅供養中研院的民眾不齒。

考試委員林玉体在「本國史風波」中曾撰文批判許倬雲「沒有常識」，「是國家名器授予院士的悲哀」，在許倬雲又一次的突槌發言中，我們何只看到國家授予許倬雲「院士」名器的悲哀，我們還看到一個學者糟蹋專業和學術良知的無恥。

（2004/11/30，台灣日報「社論」）

28

高中國文教育應以文學欣賞與語文應用為鵠的

　　繼高中歷史新課程綱要引發所謂「去中國化」爭議之後，日來媒體又大幅報導即將於九十五學年度開始實施的高中國文新課程綱要也有「去中國化」的爭論。「去中國化」四個字，儼然已經成為我們這個陷身統獨之爭的國度最方便的論爭工具，凡是一切針對行之多年的制度、習慣或政策，有所調整、更動、改革，反方只要冠上「去中國化」的帽子，就能引起媒體高度關注，達到召喚社會注意的目的，或者達成延遲改革的用意。「去中國化」，本來是帶有高度政治性的符號，意味著國家機器不分青紅皂白將舉凡與中國有關聯的一切全部斬斷、拔除的強力作

　　這次引發爭議的高中國文課綱，事實上早在二〇〇三年八月上網公告，並由教育部辦理北、中、南、東四場公聽會，由於爭議不大，因此在二〇〇四年八月五日獲得課程發展委員會審議修正通過，並於八月三十一日公布。從程序來看，這個過程總計歷經一年時間，公聽會也有全國各校派出代表分區參加，可說已經周諮博議，媒體當時報導還指稱國文、英文、數學是較無爭議的課程，何以一年過去，立委大選前忽有某高中退休國文教師對外表示「教育部大幅修改國文課程綱要，教師都不知道」，直到某民間書商邀請北部高中國文教師，徵詢教材編纂方向時，「教師才驚覺轉變」，「對修訂內容表達強烈不滿」，並認為這是「去中國化」？兩相比照，這次爭議，不在課程如何修訂，而在炒作「去中國化」，目的相當明顯。這不能不令對高中國文教材改革抱有真正期待的人感到遺憾，因為這將模糊化國文課程及其內容的改革，口水無法幫忙我們的下一代。

　　國文教育，基本上在培養國家公民具備基本的語文使用、文學欣賞和文化認知能力，因此，無論哪個階段的國文教育，目的都不在培養政治態度或政黨屬性，過去舊國民黨執政年代實施的「高中課程教材綱要」（1998 年實施）要求選文應注意「足以體認中華文化，建立民族自信，喚起民族意識，配合國家政策」的做法，就是相當偏差的政治教育，而非國文教育。當時對於教材白話文與文言文配置比例的規範，高一是 45% 比 55%，高二 35% 比 65%，高三 25% 比 75%。如今新修訂綱要已經將政治教育目的去除，在白話與文言比例上則做了微調：高一是 60% 比 40%，高二 55% 比 45%，高三 50% 比 50%。先不談實際內容如何，新綱要「去政治化」，就應該受到國人肯定，「去政治化」是讓國家的教育還給全民，不被任何政黨所干預，國文教育不必「配合國家政策」，這樣的綱要我們歡迎都來不及了，還有什麼好反對的？其次，就白話文和文言文

題。遺憾的是，我們的媒體對這個部分的討論幾乎付之闕如。高中學生正值青春時期，他們最需要的國文教育，應該要能幫助他們嫻熟語文運用，讓他們能夠順暢地使用國語文來表達自我，與他人溝通，國文課本增加白話文，豐富他們的語彙、文藻，有何不好？其次，在他們的青春歲月中，最容易親近文學，最富有純真感情，也最具有想像力和創造力，提供他們現當代文學名家名作，讓他們具有文學鑑賞能力，提高人文涵養，有何不好？從這個角度來看，新修課綱將文言文比重調降為四到五成，白話文調增為五到六成，讓青春階段的高中學生可以在課堂上就接近現實的、生活的、具有想像與創造空間的語文情境，不但學生，相信家長和老師應該也都歡迎這種小幅調整才是。

新修高中國文課程綱要起草小組召集人、台灣大學教授柯慶明在這次風波出現後，接受媒體訪問時表示，高中國文白話文選文以新台灣文學的名家名篇為主，兼及原住民文

29

整合台灣羅馬拼音系統
以挽救垂危的台灣語文

　　台師大台文所教授、世界台灣母語聯盟
總召集人李勤岸，日前以〈打破自我，成全
母語教育〉為題，期望關心母語教育的意見
領袖，放棄派系之爭，讓母語拼音符號問題
回歸單純的語言學基本面；同時也呼籲教育
部趕緊公布定案，運用這套已整合成功的台
灣羅馬拼音來編寫母語教材，以利母語教育
進一步的推動。他的這項訴求目前仍在連署
中，但已經獲得相當多台語文社團、大學台
語文研究系所負責人以及語文學家的熱烈連
署。

　　連署名單中，甚多長期以來為台灣語文
貢獻心力，為台灣文化重建殫精竭慮的專家

學者，他們在過去為台灣語文不計報酬、付出心血，或許對於台灣本土語言應採用哪一套拼音系統曾有不同意見，各有堅持，如今能夠捐棄各自的堅持，從語言學和語文教育的基本面著眼，願意坐下來，整合出一套合乎語音學原理，同時在教育上易教易學的台灣羅馬拼音系統。光是這一點共識的凝聚、這一種站在台灣語文長遠發展而計慮出的用心，就值得台灣社會加以肯定。

　　台灣的語言，從日治年代以來，先後遭到兩個外來政權「國語政策」的蹂躪與踐踏，無分原住民、客家或 Holo（台灣閩南）的語言都因此在被壓抑和被扭曲的語境之中，逐漸消失、凋零，其中又以原住民母語流失狀況最為嚴重。根據語言學家黃宣範的一項針對在台北就讀大學的原住民學生所作的調查，顯示這些學生已經流失 31% 的母語，而他們的父母則流失了 15.8%。近百年來，可見原住民的母語正在走向滅絕之路；客語和台灣閩南語的流失問題其實也好不到哪裡

去。台灣本土語言的命運，已經到了以下這樣簡單明瞭卻又讓人心驚鼻酸的情境：原住民語躺在急診擔架上、客家語坐在輪椅上，台灣閩南語拄著枴杖。

這樣的語言危機，分開來看，只是各個族群單一而程度不同的危機，需要各個族群自我努力，加以挽救；然而，在實質上，佔有至少85%人口數原客閩三大族群語言如果繼續流失，則台灣的語言和文化勢必快速空洞化，台灣的主體性也將逐漸崩蝕，更不必侈談台灣內部的族群和諧、或外部的全球化了。因此，台灣本土語文的傳承危機，就是台灣兩千三百萬人共同的危機；台灣本土語文的教育與傳播政策的擬定與推動，就是受到人民付託的政府不可迴避的責任。

遺憾的是，從二○○一年國民小學開始實施鄉土語言教育課程以來，台灣本土語文的殘障問題並未真正獲得改善。其中的問題癥結相當多，部分屬於教育政策層面，諸如課程名目未將本土語文視為國家語文、授課

鐘點不足、以及鄉土語言教學師資培育與任
用、薪資都明顯遭到矮化等問題，仍未能妥
善解決，無法真正改善本土語文教育的殘
缺，只能說是聊備一格，與教育部對國中小
英語教學「聽、說、讀、寫」的課程要求及
其相關配套措施比起來，本土語文的教育處
境彷彿童養媳一般，只能靠熱心的鄉土語言
老師憑其熱誠教學來補救。

即使如此，泛藍陣營掌控的國會以及部
分媒體，依然不時扭曲「鄉土語言教學」或
「母語教學」的正當性，嘲諷母語教育，將
台灣兩千三百萬人都應享有的語言人權及其
教育貶抑為「意識形態國家機器」工具，甚
至以這種無視台灣原、客、閩三大族群語言
教育需求的霸權心態，要求堅持母語教育的
教育部長杜正勝下台……而在部分媒體的
推波助瀾之下，母語教育被媒體曲解為「閩
南語教育」，刻意將母語教育尚包括客家語
和原住民各族語言教育的事實掩蓋，造成不
了解鄉土語言教育的國人誤解；並將鄉土語

言教材使用羅馬拼音系統惡意扭曲成「以
abc 學閩南語」，誇大學生學習母語的困難
度，引起家長恐慌……。這些來自國會或部
分媒體的扭曲與壓抑，也是阻礙台灣本土語
文教育正常發展的因素之一。

不過，除了政策推動乏力和外部因素橫梗
之外，母語教材在選用音標和部分漢字的使
用上，標音系統過多，且相互齟齬；漢字選
用紊亂，且多半仍待考證，也是事實。這樣
的混亂狀態，反映到不同教材版本之中，因
此造成老師教學的困擾、學生學習的疑惑、
家長教導孩童過程中的無所適從，台灣語文
學界、推動者就不能說毫無責任了。目前在
鄉土語文教材中使用的標音系統，計有傳統
教會羅馬字、台灣語言拼音方案（TLPA）、
TLPA 改良式、通用拼音等，這些拼音系
統，有些具有長達一百五十年以上的書寫
和傳播傳統（如教羅），有些則根據現實需求
進行改良（如 TLPA 及其改良式），有些則強調
與各不同語言之間的通用性（如通用）。這些

羅馬拼音系統之間，其實差異不多，變動不大，過去或許因為各有堅持，因此未能整合，鄉土語文教育展開之後，各拼音系統也各編教材，相互競爭，因此形成目前教材之間標音系統互異、漢字選用紊亂的狀況，影響台灣語文在教育和傳播功能部分的發展，的確也是台灣語文的嚴重問題所在。

如果推動台灣語文的社團、學者和教育者不能以他們的專業和對台灣語文的熱愛，坐下來就分歧之處加以整合，取得共識，討論並協商制定出一部合乎語音學原理、易教易學的台灣羅馬拼音系統；我們怎能怪泛藍政治人物或媒體扭曲、嘲諷、阻撓台灣語文教育的正當性與迫切性；如果每一套羅馬拼音系統都執著各自的優點，而不從教育與傳播的角度去思考，放棄一些無關緊要的音符堅持，又如何讓社會接受以羅馬拼音系統做為台灣各族群語言最主要使用的拼音方法？如何加速台灣語文的正常教育？發揮其傳播功能？

　　現在我們總算看到第一道曙光了，台灣語文學界能捐棄成見，就是這一道曙光的開始，在教會羅馬字、TLPA、TLPA 改良式的整合之外，容仍有不同聲音存在，唯以當前台灣語文教育處境的艱難，台灣語文界必須趕快停止內部爭議，因為接下來還有台語（客閩）漢字常用字的標準化工程有待台文界琢磨，還有台語（原客閩）字典、辭典、以及相關教學節目、媒體的製作……等等工程，有待台灣語文學界攜手研議、逐項進展。

　　要挽救在台灣土地上逐漸消失的台灣語言，停止口水爭議，拿出可行方案，創造具體成果，才是當前要務！

　　　　　（2005/07/17，自由時報「星期專論」）

30

挽救台灣語言流失危機
要從本土語文教育做起

　　這是同一天見報的兩則新聞，都與語言認證考試有關，也都與當前的教育政策有關：

　　第一則新聞，是行政院客委會宣布將首度辦理客家語言能力認證初級考試，行政院長謝長廷在記者會上特別表示，客語認證考試和去年開播的客家電視台有助於挽救客家語言、文化的流失。客委會主委李永得則強調，復甦客語是客委會成立以來的重要施政目標，客家人十三歲以下會講客語的比率，二〇〇二年僅 11.7%，二〇〇四年提高到 13.8%，客委會預期在二〇〇六年能達到 15%。

英檢實質上可以提供給通過測試者的諸多保障與助力；客語語言認證，以及早在二〇〇一年開始的原住民族語言能力認證，無論在規模、政府重視程度和實質效益上，都有天與地的分殊、差別。這反而使客語、原住民語言認證的推動，帶有和暮色一樣蒼茫的悲哀，既意味著兩大族群語言的流失殆盡，也顯徵了政府重視之不足。而 Holo（台灣閩南語）語言則連認證測驗也闕如，相對地又顯示了政府對於佔有絕大多數人口的 Holo 語的輕忽，在多語言政策之下顯有失衡。

客委會辦理客家語言認證、原民會辦理原住民語言認證，都是正確而必要的政策措施，從政策上挽救族群語言與文化，兩部會的用心可感，預期成果當然也會遠比光靠族群內部覺醒和動員來得大。但政府是一體的，有客、原語言認證，而無 Holo 語言認證，是行政院在語言政策上需要檢討的地方。其次，語言政策的執行，以行政院的部會來看，最適當的應該是教育部，而非客委

會、原民會，教育部主導，客委會、原民會輔助、協調，這才是政府部門比較妥當的分工，現在客語、原住民語的認證不由教育部舉辦或推動，既紊亂了行政體制，也矮化了兩大族群語言的位階。在文明先進國家的語言政策中，各族群使用的語言都被視為國家語言，而非僅只是族群語言；不同族群的人被鼓勵互相學習對方的語言，而非只是學習自己的族群語言——主管國家語言政策的教育部應該負起這樣的權責。

遺憾的是，從這兩則比對性的報導中，我們看到的是，教育部積極主動邀集各單位，研商如何以 CEF 為架構，訂定全民英檢各語言測驗的對照分數；行政院為提高公務員英語能力，有意要求公務員參加全民英檢。在全球化趨勢下，教育部主動積極，應受肯定；但若對照此際台灣本土語言的流失危機、以及行之於國中小學的所謂「鄉土」語文教學困境，教育部是否也一樣，甚至更加積極地邀集各單位、學者研商，以文明國家

的多語言政策為藍本，改革語文教育，提出以母語教育為優先的語言教育政策？恐怕更值得全民關注！

當客委會主委強調，客家人十三歲以下會講客語的比率，到二〇〇六年將達到 15% 而眼中閃出光芒的時候，我心中又敬、又痛。十三歲以下的客家孩童，不都在國民小學接受教育嗎？國小不都實施「鄉土」語文教育嗎？為什麼要兩年後才能達到 15% 的比率？而這比率還有賴於客委會推動的語言認證才能達成？只要教育部用推動全民英檢的積極作為，將目前已列入國中小之中的「鄉土」語文教育列為必修課程，不是一兩年內就能達到十三歲以下孩童 100% 能說本土語言的比率了嗎？政府為什麼不從這樣的方向做些改革？

教育部從一九九六年開始將台灣本土語言列入中小學課程，到二〇〇一年九年一貫教育實施時，才將本土語言提升為正式學科，但卻給它冠了「鄉土語文」這樣不倫不類的

學科名稱，且並非必修，授課時數一週僅一小時，教學經費預算更是嚴重不足，以二〇〇二年為例，英語教學預算八億，所謂「鄉土語文」教學只有一億二千萬——過去民間批評教育部獨尊「國語」而「謀殺母語」，「國語」是上等語言，台灣本土語則是次等語言；如今這樣的批評反倒顯得客氣，反映在實際的政策和措施上的，是台灣本土語言已從次等語言淪為三等語言了。以「鄉土」為名的科目名稱，明顯地踐踏台灣本土語言的正當性；一週一小時的授課時間，明顯暗示這是點綴性的從屬學科；教學經費遠低於英語，更明顯強調政府對於本國語文的毫不重視。

在客委會為挽救客語流失而推動客語認證、教育部則積極推動全民英檢的此刻，我以沉痛的心情寫下這篇拙文，無意批評教育部對於本土語文教育的不作為，而是要提醒從台灣的土地上站起來、受到台灣人民託付的民進黨政府：面對台灣語言流失的危機，

31

面對「生做台灣人的悲哀」的感覺結構

前幾天應台灣教師聯盟之邀，為參加台北縣暑假教師研習會九年一貫課程「認識台灣」活動的國中小學老師做了一場報告。在酷熱的暑氣中，上下午兩場共六個小時，各有一百多位老師參與，他們在本來可以開心放假的暑假，仍然虛心進修，提升自我，為落實台灣本土教育而付出，讓我相當敬佩。因此儘管講台備有椅子，可以坐下來開講，我還是站著向他們做報告，以表達敬意。在台灣目前的政治詭譎局勢下，政治議題取代一切的氣氛下，這些關心教育與文化、關心台灣歷史與人文，而同時又是擔負教育我們下一代孩童責任的老師，對台灣的貢獻，絕

對不亞於在檯面上的政治人物,他們以教育專業為本,不斷充實自我,十年百年,積之累之,台灣的明天就有希望。

像這個已經進行十四年的暑假教師研習會一樣,我知道全國各縣市每逢寒暑假也都有著不同性質而精神一樣的教師研習營隊或會議在展開。國中小學老師授課壓力甚大、工作負擔甚重,寒暑假對他們來說,相當珍貴,但他們仍能不畏溽暑酷寒、熾陽冷雨,持續進修,師道在如此細微之中彰顯,教育倫理在如此堅毅之處深刻。台灣方才經過一場總統罷免案的政治動盪,人心惶惶至今未去,這些固守教育崗位的老師的「自修」,或許可以提供給政治檯面上爾虞我詐、爭鬥不休的大人物們一些借鏡才是。

我的報告以台灣文學教育為主題,有感於當前教育對於文學領域知識提供之不足,特別是對日治時期台灣文學發展認識的匱乏,因此我以「虛構小說,再現歷史」為題,針對日治時期台灣小說與台灣社會的對話進行

報告。在報告之中，我向在場的老師敘述了
在日本殖民統治下的台灣社會與文學的關
係，並通過當時六位重要小說家及其作品：
賴和〈一桿「稱仔」〉、楊逵〈送報伕〉、張
文環〈閹雞〉、呂赫若〈牛車〉、龍瑛宗〈植
有木瓜樹的小鎮〉、王昶雄〈奔流〉，逐一剖
析這些作家及其作品中浮現的日治時期台灣
圖像。在一個外來殖民帝國統治之下的台
灣，這些作品可以看到當時不能自主的台灣
社會的三種圖像，那就是：憤怒、苦悶與悲
哀。這些小說作品，不是歷史，但顯然較諸
歷史尤為逼真。一個喪失自主權的社會，政
治上沒有決定國家前途的權利、經濟上遭到
外來政權的剝削和壓榨，社會上缺乏公義、
人民和族群之間就有你優我劣的劃分；而更
深沉、更嚴重的，是文化和教育權利（包括
媒體）的分配不均與遭受宰制。這些作家的
這些作品，描述的故事不同，指向的台灣問
題則一：在喪失主體性的社會中，身而為
人，毫無尊嚴。這些作家和作品，充分地寫

了，但並未進步；台灣人民選出了自己的政權和總統，但國家依然不正常，社會依然無法根據人民所期望的方向：政治民主、經濟繁榮、社會公道、文化發展，正常運作！

這種從日治時期延續下來的「生做台灣人的悲哀」的感覺結構，正是進入二十一世紀的台灣社會必須共同面對的課題。只要這種悲哀感覺如鬼魅一般，不散不離，台灣的明天就看不到快樂和希望！台灣社會各行各業，絕大多數人就像在暑假期間仍然持續進修的這些老師一樣，都相當敬業、努力，認真提升自我、修養自我，服務社會，而不徒託空言，政治檯面上的人物，無論藍綠，特別是國家元首與在野領袖，檢討自己這段期間以來的言行，豈能無愧？

（2006/07/09，自由時報「星期專論」）

32

別把政治黑手伸進
文化領域
——為國家台灣文學館法制化說幾句話

　　二○○六年十二月下旬，立法院法制、教育及文化委員聯席初審「國家台灣文學館設置條例草案」，這項攸關台灣文學發展的法案，由於擬採法人行政組織型態，而遭部分國民黨立委杯葛，相關條文遭到保留，法案因此擱置。這個有「文化」、「教育」、「法制」的聯席委員會說得很好聽，明明擱置了，還說要「等待舉辦公聽會聽取各方意見後再審議」。這樣一則新聞，在貪贓枉法事件不斷出現的台灣社會，可能激不起一點漣漪，引不起一點注意。

設置一個國家級的台灣文學館有那麼困難嗎？這個標誌台灣文化深度和水平的文學館，早從一九九一年就由文建會提出籌建，名為「現代文學資料館計畫」，其後納入行政院十二項建設計畫，合併規劃為「文化資產保存研究中心」，但此後就無消息，當時執政的國民黨顯然缺乏對台灣文學的深刻認知，也缺乏保存文學史料的誠意。直到一九九八年春，台大教授、文學界耆老齊邦媛在九歌出版社創立二十週年酒會大聲疾呼文學界要爭取一個「獨立、沒有意識形態爭議的國家文學館」之後，引起台灣文學界熱烈的迴響，媒體也大表重視，行政院在輿論壓力下，才在當年年底同意將設於文化資產保存研究中心之下的「文學史料組」提升為「國家文學館」；接著次年一月，立法院第三屆第六會期聯席會議審查「國家文學館組織條例」草案時，通過將「國家文學館」更名為「國立台灣文學館」，而由行政院於

二〇〇三年核定「國立台灣文學館開館營運計畫」，並於同年十月先行開館，並定名為「國家台灣文學館」，營運迄今。惟與該館定位有關的設置條例卻是一延再延，到了上個月仍遭擱置。

從一九九一年由文建會提出籌備「現代文學資料館」算起，十六年過去了；從一九九八年春齊邦媛教授疾呼要爭取一個「獨立、沒有意識形態爭議的國家文學館」算起，九年過去了；從二〇〇三年「國家台灣文學館」開館至今，也過去三年多了。我們這個號稱要與世界接軌，號稱民主進步的國家，連一座象徵國家文學水平的國家文學館的法制化工作都完成不了。立法院當然不容卸責，立法院從一九九九年一月審議國家文學館條例至今，審了八年，一無所成，一再延宕，還好意思說要「等待舉辦公聽會聽取各方意見後再審議」，這是什麼樣的立法品質？更可怪的是，一九九九年這個條例提出，是當時執政的國民黨政府；二〇〇六年

十二月，這個條例再遭擱置，則出自此刻在野的國民黨立委。一個無關意識形態，有助於從文學部門展現台灣作家豐富文物的文學館，國民黨在朝時推動，在野時阻撓，這又是什麼樣的心態？

國家文學館，無論從什麼角度看，都屬標誌國家發展力的重要文化指標，它和博物館、美術館具有同等重要的意義和位階；一個國家要展示她的文化力，這些具有文化累積性的文物史料蒐集、管理、典藏、研究、推展及其總體成效，就不可或缺，因此更需要政府和社會正視。設置條例草案仍未立法完成之前，國家台灣文學館以籌備處暫行組織規程維持營運，其窘迫、其侷限可想而知。但儘管如此，各界還是可以看到該館三年多來的努力成果。我記憶所及，印象深刻的，就可舉出以下四端：一、在文物典藏部分，積極收藏重要作家文物，加以維護，這些作家不分省籍族群，如朱西甯、柏楊、張秀亞、黃得時、葉石濤、龍瑛宗、鍾肇政、

林海音、楊逵等前輩的文物、手稿，總計
已有八萬餘件；二、在史料蒐集部分，已經
完成「日據時期台灣文學日文史料蒐集整理
計畫」、「台灣白話字文學資料蒐集整理研究
計畫」等研究，對於豐富台灣文學內涵及研
究都有助益；三、在出版方面，我手上就有
《楊逵全集》、《全台詩》、《呂赫若日記》以
及剛出版的《葉石濤全集》，每部都是台灣
文學的重要資產，加上年年出版的《台灣文
學年鑑》，記載台灣文壇動態……，這些工
作若非以國家預算、人力和規模進行，則幾
無付諸實現的可能；四、在研究推展方面，
該館三年來幾無停歇，舉辦多場跨越族群、
性別、政治與意識形態的學術研討會，場場
爆滿，對於激勵學院研究和學術發展，也功
不唐捐。

這樣的國家級文學館，在經費、人力不
足，位階、身分不明，工作條件與待遇報酬
均相對低劣的情況下，還是努力做事三年，
而結果是設置法案持續被擱置三年，「黑機

關」三年。試問這三年來不聞不問，甚至阻撓、拖遲法案通過的立委能不汗顏嗎？

做為一個長期關心台灣文學與文化發展的作家，我早在一九九八年十二月就曾在《自由時報》副刊以〈打造台灣文學新故鄉〉為題，撰文呼籲台灣文學工作者以及關心台灣文學與文化命脈的人，加入催生國家文學館的行列，當時我還以樂觀的口吻期盼「讓台灣在邁進二〇〇〇年之前，除了巨蛋之外，也能夠誕生一座獨立的、不受政治力掌控的國家文學館」。如今看來，政治力似乎仍然以粗鄙的心態和粗暴的手腕介入再單純不過的文學館立法過程中。面對台灣文學界的期待和台灣整體文化力的提升，現在應該是那些自許為「文化立委」、「教育立委」的委員們站出來推動法案立法完成的時候了，否則將來如何面對「文化」「教育」而無愧？

（2007/01/28，自由時報「星期專論」）

33

打造一個保障各族群語文多樣發展的教育環境

二〇〇五年我曾在《自由時報》「星期專欄」發表題為〈整合台灣羅馬拼音系統以挽救垂危的台灣語文〉的論述，呼籲推動台灣語文的社團、學者和教育者，坐下來就分歧的台語拼音加以整合，取得共識，協商制定合乎語音學原理、易教易學的台灣羅馬拼音系統。日前報載教育部已繼前不久公布台羅拼音輸入法 1.1 版後，又公布了「台羅拼音方案使用手冊」，詳細說明台語聲母、韻母及連字符的使用；並表示將在下個月完成新的 e-learning 線上教學學習系統，提供台語

而出現保存、整理與發展的呼聲，卻也經過
了漫長的八十多年。早在一九二四年，連溫
卿就先後在《台灣民報》發表〈言語之社會
的性質〉、〈將來的台灣話〉，對於語言與民
族的關係、台灣話的發展和文法問題，提出
相當進步的看法，對當時初起的台灣新文學
運動，提供了北京語白話文書寫之外的另一
種思考；接著，一九二七年，鄭坤我在《台
灣藝苑》發表〈台灣國風〉，連載台灣民間
情歌，強調作家應使用台語創作；一九二九
年，連橫在《台灣民報》先後發表〈台語整
理之頭緒〉、〈台語整理之責任〉，並在其後
完成《台灣語典》，首次以個人之力考證台
語語彙、語義，獲得了可觀的成績；而更具
自覺性的語文運動則是一九三〇年黃石輝在
《伍人報》發表〈怎樣不提倡鄉土文學〉之
後，捲起台灣話文論爭與鄉土文學運動，黃
石輝和其後加入的郭秋生，透過論述主張台
灣作家要用台灣話來寫作，也主張進一步整
理台語漢字，以促成台語的字文化……。遺

憾的是，隨著日本發動戰爭和皇民化運動的開始，這些努力因此中輟而無以持續。

在二十一世紀的今天，我們重新回顧生發於二十世紀初期的這場台灣語文運動，不能不生沉重的感慨。這一批前賢、先進呼籲保存、整理台灣話，發展台灣話文八十年後，台灣才有由公部門制定的「閩南語漢字三百字詞」出現、才終於產生一套「台羅拼音方案」，開始真正具有影響力的基礎性文字化工程。這一段漫長的歷史，標誌了台灣由殖民帝國統治下的屬地轉而成為主權國家的艱辛歷程，更充滿了台灣人民在兩個外來政權一式的「國語」政策之下，如何由不准發聲、有口難言、有言難書到終於可以我舌說我話、我手寫我口的坎坷心路。這些本來是最最基本的人權，台灣人卻要花費八十年奮鬥，到二十一世紀才看得到台灣閩南語「三百字詞」露出曙光，但是台灣客家話呢？原住民語呢？卻仍在烏雲密布中尋覓幽微亮光。面對如此不利且顯然不公平發展的語文

劣勢，愈是能夠使用流利華語、書寫華文的
國人，愈是應該樂見台灣閩南語、客家話和
原住民語文的重振與復興。

　　八十年前在日本帝國殖民統治下台灣知識
份子展開的台灣話文運動，事實上也足以提
供給對於此刻才剛由教育部推動的語文政策
抱有疑慮的國人一些省思。這幾年來，有部
分文化界人士和部分媒體不斷質疑教育部的
語文政策是「去中國化」的政策，這段歷史
事實卻很清楚地告訴我們，台灣話文運動不
是今天才開始的，不是針對中國、甚至也不
是針對日本，而是立基於族群語言、文字與
書寫的基本人權，台灣文化的重建、發展和
多樣、豐富而展開的。我誠懇希望部分文化
界人士和部分媒體，能夠深一層、進一步去
從日治年代台灣知識份子就已經展開的這段
歷史，而不必動輒以「去中國化」質疑這個
具有歷史景深、且符合國家語言公民權的正
常語文教育政策。

　　台灣閩南語文字化的工程還只是個起步，國內四大族群使用的語言（包括華語）能否真正成為我們這個國家的國家語言，在平等的位階上獲得聽說讀寫的基本人權，受到國家在傳播、教育與文化領域的保障，才是真正平等的開始。教育部早在二〇〇三年二月完成「語言平等法」草案，將十一種原住民族語，以及客家話、河洛話、華語（現行國語）計十四種語言文字明訂為國家語言，此一法案送進立法院之後迄今尚未通過。打造一個包括華語華文也受到保障、尊重、不被排斥的正常語文與教育環境，真有這麼困難嗎？

　　　　　（2007/05/20，自由時報「星期專論」）

34

這樣的大考文史命題
將伊于胡底？

　　大學指考已經舉辦六年，六年來台灣的政治、社會在變，全球的文化、思潮也在變，惟一不變的，看來大概只剩下大考文史科目命題的不動如山，且越來越趨僵固、錯謬，而不知其將「伊于胡底」了。

　　伊于胡底，必須做個解釋：伊，助詞，無義；于，往；胡，何；底，止。用白話來說，「伊于胡底」的意思就是「將落到什麼地步為止」，比喻「後果不堪設想」。這句話的典故出自《詩經‧小雅‧小旻》：「我視謀猶，伊于胡底。」在這個年代，「伊于胡底」大約和台語常說的「烏魯木齊」或「變啥麼碗糕」有異曲同工之妙，這些用詞或文或

176

白，雖然典出不同，但趣味相近，指的都是
「糟糕」的事物或發展；而且，如果不進一
步解釋，也可能讓人莫名其妙。

說大考文史科目命題不知將「伊于胡底」
是有理由的。國文考題部分，中國古典文學
考題估計佔六成六，實際則達七成，命題內
容有關中國作家與台灣作家之比例更高達九
十七比三。歷史考題部分，台灣史考題只佔
十八分，中國史考題則佔三十分。如此分配
比重，顯然傾斜。在激烈到以一分拼上下的
考試競爭中，對於多數考生顯然造成傷害，
因此考後就有考生、學校老師認為考題比重
分配不均，讓考生無所適從。如果再就近幾
年來的出題比例和傾向看，二〇〇七年的國
文、歷史考題比例傾向中國文史的比例，也
達歷年高峯。過去國文考題曾因增加現當代
文學試題而受媒體好評，台灣史考題曾有一
年佔二十八分而獲輿論肯定，如今不進反
退，社會各界當然更加關切。

　　這也就難怪七月初國文、歷史考試一結束，輿情大譁，幾家主要報紙對於文史考題走向都大幅報導，且貶多於褒，導致大考中心為此特別要求國文與歷史考科命題小組撰寫〈96 指考國文與歷史考科命題旨趣〉以做說明，這也是歷來僅有且罕見的一次；而長期以來關心文化教育議題的台教會、北社、南社、台灣社等九個社團更聯名發表聲明，批判此次文史命題去台趨中，不但違背國文課程綱要目標，也使台灣學子「阻絕於台灣文學，更阻絕於世界文學」。「芸芸」考生就只能捶胸頓足，怪自己猜錯考題方向而無言垂淚了。

　　大考中心面對外界質疑，提出的解釋是，該中心完全依照教育部八十四年課綱比例規定出題，「依法行政」。照這個鋸劍式說詞，則過去歷年來高於二〇〇七年的文史出題比例，就意謂著過去該中心並未依法行政，這責任是不是也該由該中心承擔？針對國文考題，命題小組說明根據舊課綱之外，還強調

過去歷年試題「逐漸偏離課本，而且有漸行漸遠的傾向」、「不利於語文教學，必須及時導正」，換句話說，這幾年同樣都是大考中心出題的傾向，乃是錯誤的，該中心是否也得為歷年來「偏離課本」的出題傾向，向因此受害的學生和家長道歉？進一步說，這種只要命題小組就可「導正」命題傾向的出題模式，未免恣意輕率，又豈是面對全國考生的大考中心所能卸責？

這還都是行政上的問題，依法行政也好，命題小組可以率意「導正」歷年試題傾向也罷，都還只是細微末節。更深層的問題，是二○○七年文史試題的「傾向」很明顯地以舊課綱為盾牌，與我們這一代共同走過的台灣社會越走越遠離，與我們下一代要走出去的世界和未來越走越回去──台灣文學、歷史題目和所占分數的大幅下降，說明了進入二十一世紀的台灣大考，並不在意也不重視這一代以及上一代的文學累積和前人奮鬥；古典文學、中國歷史題目和所占分數的大幅

升高，則又暗示已經進入二十一世紀的下一代，只有回頭擁抱中國古代文史才能出人頭地。荒謬的是，這樣事關教育走向和下一代應有教育權利的命題走向，不是出自主管國家教育政策的教育部，而是由大考中心委託的命題小組決定，因而形成少數命題委員就可以今年「導正」去年、以小組傾向「導正」試題方向，並因此造成大考命題和教育政策相互抗頡、考試內容和時代潮流互為扞格的錯謬現象。這才是二〇〇七年大考文史命題最深層的問題所在。

正因為如此，就算台灣新文學之父賴和的文章普遍見於各版國文課本，仍不被命題，反倒是不在任一課本中的夏志清《中國現代小說史》推崇胡適文學革命的論點被當成考題，而同樣不在課本範圍內的王德威學術論文〈一種逝去的文學？〉也被拿來出題，甚至完全顛倒該文意旨，以「反共文學」為標準答案，王德威已聲明該命題錯誤，要求命題者「熟讀」原文（這是錯誤試題，答錯的反而

是對的，答對的反而錯了）——這樣的例子明白表示：儘管台灣文史已經存在，卻仍特意漠視；即使中國文史錯誤認知，還要橫加抬舉。此次大考文史命題的嚴重傾斜，由此一葉，即可知秋。

這樣的大考中心，這樣的文史命題傾向，能不愧對參加二〇〇七年指考的十萬九千八百八十九名考生，以及這些考生背後努力向前行進的台灣社會嗎？

（2007/07/22，自由時報「星期專論」）

35

萬勿走回一綱一本
的死胡同：

讓台灣的學生擁有更為多元
的學習環境

　　解嚴至今才剛過二十年，台灣社會雖然仍然處在渾濛不清的錯亂狀態中，但整體來看，卻已經逐漸可以感覺到天色將明，曙光將現。這個國家還沒走上正常國家之路，政治上統獨糾結，藍綠相抗，很多事情糾葛在意識形態和國家認同的分歧中，沒有人滿意；但是，衡平地看，社會力活潑勁健，思想言論開放，人們積極打拼，熱情和善，能理性看待事物，並未朝向沉淪的方向走。這

使得我們的國家儘管在紛亂之中仍能向上發展。

促成這種理性社會的原因甚多，但其中最主要的原因，莫過於經過長久的民主奮鬥歷程，使得台灣人民已經習慣反對文化，解嚴之後言論思想的開放，更讓這個社會不再受到一元思考的侷限，能夠敞開心胸，欣賞各種可能，接受各種異見。這樣的文化形成，是累積前人民主奮鬥的成果，也是台灣社會最該珍貴的資產。一個多元開放的社會，才可能孕育寬闊廣大的心靈，一個容許擁有不同思想、主張和表現方式的社會，才可能創造出豐富、多樣而具有開展性的文化。

思想與言論的開放，除了依靠政治民主化之外，另外影響更深遠的則是教育的鬆綁，政府不再管控教育內容，放棄以教育為意識形態國家機器的封建集權做法，於是我們這個社會才能告別由政府編教科書，通過教科書灌輸人民單一意識形態的思想宰制。

通過教育改革的手段，自二〇〇二年開始，
配合九年一貫課程的實施，教科書全面開
放由民間編輯，國立編譯館只負責教科書
審定工作。這就是教科書「一綱多本」的
開始，「一綱」指的是「九年一貫課程暫行
綱要」，教育部管原則，開放出版業者根據
此一綱要規範的科目能力指標編寫教科書，
也開放各級學校教師根據需求選用，這就是
「多本」。實施以來，由於有多家出版業者
投入，因此提供給國中小學教師多種不同版
本的教科書選擇的空間，「一綱多本」不只
是形式上的開放，更意謂著教育內容的多
樣，以及不由政府所主宰。這是一個國家是
否真正民主的關鍵指標，更是言論與思想自
由的重要表徵。

　遺憾的是，由於改革總是伴隨著陣痛，一
綱多本實施至今，的確也帶來部分問題，比
如不同版本的教學銜接問題、各版教科書內
容重點不同的問題、教科書品質問題、教師
選用教科書能力問題、市場競爭所帶來的行

決問題；但是以台北市為主導的泛藍縣市首長倡議統用一本教科書，部分立委要求走回由國立編譯館復編教科書的做法，卻是將政治鬥爭和藍綠對抗挪移到教育領域之內，意圖以政治力量干涉教育內容，以意識形態國家機器重新宰制人民思想、言論的做法，這是對民主自由社會的一大傷害，對憲法第十一條「人民有言論、講學、著作及出版之自由」的一大諷刺。解嚴二十年後的今天，部分泛藍主政的地方政府首長和民代居然想以政治力量（行政命令）剝奪人民講學（包括編印選用教材）的基本人權，這簡直荒謬至極。

從一綱多本走回一綱一本的老路，表面上是回應民眾心聲，骨子裡則把教育當工具來使用，自不足取。但更嚴重且值得台灣社會警惕的是，如果一個地方縣市首長就可以行政命令決定教育內容，那也就意味著政治人物只要擁有權力，就可用他的意識形態決定我們孩子的教育內容，洗我們孩子的腦。我們只不過抱怨課本太多，孩子讀不完，他們

卻因此就妄想把我們選擇教科書的權利、以及孩子自由思想的權利一併回收，變成可以灌輸他們思想的一本課本，讓他們易於完全掌控我們下一代的思想──這是我們多麼熟悉過的典型法西斯思維？一本課本、灌輸一種想法，徹底洗腦，這不也是我們多麼熟悉過的噩夢？台灣社會如果可以容許這種威權年代的思維復辟，走回一綱一本的死胡同，將來就可以容許一黨一人統宰國家的體制復辟。這是支持一綱一本而更愛自由思想的人應該深思之處。

（2007/09/02，自由時報「星期專論」）

36

欣見台灣古典文學整理迭出成果

　　台灣有文字記載的歷史只有四百年之譜，從鄭氏王朝以降，台灣文學的發展過程相對地也較為短薄，但即使如此，四百年來以漢字、漢文書寫的文學作品還是不在少數。過去威權戒嚴年代，由於台灣研究被視為政治禁忌，文獻整理困難重重，也不獲重視，導致在這塊土地上的我們對於台灣文學發展認知有限，遑論閱讀、研究。近二十年來，台灣文學的研究、作家作品的整理，以及各種文獻的整理方才展露曙光，台灣新舊文學作品在學界和政府的重視下，逐一出土，並且形成新的學門，也出現了相當多擲地有聲的研究成果，厚實了台灣文學的內涵，也讓我

們了解到台灣文學的確鑿存在，不再出現「台灣有文學嗎？」這樣無知的提問。

　　然而，由於台灣文學包括古典文學和新文學，其中古典文學發展時間達三百餘年，史料浩繁，蒐羅不易，手稿散佚，整理也難；加以古典文學以文言寫成，多用典故，即連學者都得皓首窮經，一般讀者更是難以消化吸收。在這種情況下，如何整理舊有文獻，加以整理，並且展開注解、校疏，乃至以白話語譯的工作，以促成台灣古典文學研究的進展，提供一般大眾對於台灣古典文學的接近使用，理解和吸收，就成為豐富台灣文學內涵，進而壯闊台灣文化盛景的急迫要務。

　　近幾年來，台灣古典文學的文獻整理迭見佳績。二〇〇四年由國家台灣文學館委託學者施懿琳主持編纂的《全台詩》五巨冊出版，該書結合國內多位古典文學研究者協力蒐集、編校，校勘精確，為台灣古典文學的推廣與研究立下宏模，自鄭氏王朝以迄日治時期三百年間的古典漢詩，終於能夠在台灣

出土；接著，是二〇〇七年年初由國家台灣
文學館委託學者許俊雅主持編纂的《全台
賦》推出，將同一時期台灣作家所寫的賦文
近兩百篇輯印出版，共三冊，一冊為重排校
勘本，另兩冊則是文獻原豹影印重現。這兩
大工程，由國家文學館主辦，學者擔綱，為
台灣古典文學的整理與研究做出了貢獻，更
為社會提供了接觸台灣古典文學的平台。

　　更讓人驚喜的，則是由民間的文听閣圖書
公司獨力完成的《全台文》，也在二〇〇七
年八月推出。這套《全台文》由學者黃哲永
與吳福助兩人領銜主編，共七十五巨冊，計
收同一時期散落於各種文集、報刊和未刊本
之中的古典散文，編輯者多方搜集，彙整，
校勘，重新排版，花了一番工夫，將原刊稿
暨已出版書的錯字找出、校正，並做標點，
總共歷時四年。比起《全台詩》、《全台賦》
想來更見艱辛，這樣的文獻整理工作，不出
於國家預算，而由民間自力完成，原因為
何，我並不清楚，但無論如何，都可看到主

其事的學者林登昱整理古典文學遺產、豐富台灣文學內涵的用心。以七十五冊的皇皇規模來看，成本至高，市場也有限，要從其中獲得利潤幾無可能。這是傻瓜才會做的事，因此更讓人心疼，叫人敬佩。

《全台文》的出版，和《全台詩》、《全台賦》一樣，都是台灣文學研究的大事，更是台灣社會的福氣。三百餘年的台灣古典文學，本來就是台灣社會共享的遺產，無論政府出資或民間獨力完成，受惠者都是我們的社會。這是三書出版的共同意義。不過，和詩賦不同的，是古典散文的蒐羅、匯整、重編，更加不易，這套書盡其可能將有關台灣主題的古典散文，分為文集、雜記文、奏疏文及報紙文四類，加以編纂，因此資料更為龐雜，工程更加浩大，它的完成，說明了台灣民間仍然擁有可貴的活力，重視文化遺產，不遑多讓於政府，這樣的作為，應該受到政府和社會的肯定；其次，透過《全台文》的編成，也讓我們看到台灣四百年來的

具體變遷與歷史圖像，《全台文》不僅標誌了台灣古典散文的總成績，同時也是台灣土地、風俗和歷史的總呈現，它和純粹文人的詩賦吟詠比較不同，是如實記載了作者書寫時的社會景況，通過這些古典散文，讓我們可以從中看到四百年來台灣的文教、洋務、商貿、政治、農漁、兵事、人物、祭祀以及早期原住民社會圖像……等，真實了解台灣的社會發展和風土民情。展讀此書，猶似神遊四百年台灣。

　一個國家的文化，表現於諸多層面，文學只是其中一端，卻是延伸和豐富文化內涵最不可忽視的一端。《全台文》的出版，儘管不是由文建會主導，一樣是表彰國家文化深度的大事。這套書售價甚高，非一般讀者所能負擔，如何讓它進入各公共圖書館，廣為讀者閱讀、接近，或許是政府和民間財團可以著力之處。

（2007/10/21，自由時報「星期專論」）

三

媒

體

Media

37

平議檢方肆行搜索新聞媒體之不當

　　台北地檢署在二○○○年十月十三日以《中時晚報》報導劉冠軍案涉嫌洩密為由，前往該報編輯部及記者家中進行搜索，檢察官及相關人員不但搜查記者桌面、查閱電腦，並翻閱稿件、資料，管制大樓出入口，禁止人員進出，影響媒體編輯作業。這件事不但引起中時晚報公開抗議，朝野政黨立委關切，台灣記者協會也立即發表聲明，強烈抗議檢方行動嚴重侵犯新聞自由，傷害憲法保障的基本人權，對台灣的民主改革形成一大諷刺。

　　媒體因為報導偵辦中的案件，取得相關偵查筆錄內容而加以刊載，是否涉及違法，司

法機關是否有權以洩漏國家機密為由逕赴媒體進行搜索，這是本案值得討論的課題。以本案為例，《中時晚報》報導劉冠軍案，追其來龍去脈，取得檢調單位筆錄，加以大篇幅報導，為憲法第十一條所保障言論自由之範圍。即使其中處理果有不妥，也僅屬新聞倫理與媒體自律問題，檢方僅以涉嫌洩密之理由，即進入媒體內部進行搜索，且限制編採人員進出，干擾媒體編輯作業，乃是對於新聞自由的踐踏，也是對於大眾媒體所象徵的第四權的不當干預。

如所周知，媒體的天職，要在報導真相，提供公眾詳實資訊，滿足公眾知的權利，特別是在監督政府、揭發真相、守護社會的媒體功能發揮上，更是責無旁貸。國安局上校組長劉冠軍所涉弊案，廣泛牽連國家安全單位結構性弊端，媒體居於天職，追蹤報導，取得資訊，加以刊載，一方面有助於釐清事實真相，另方面更具有摘奸發伏，監督政府的正面效益，是維護公共利益與社會正義的

表現，應為國家所保障。今檢方但以涉嫌洩密為由肆行搜索報館，且限制媒體內部人員出入，不但違反憲法意旨，也將嚴重影響此後媒體內容具載，產生「寒蟬效應」，形成對新聞自由的二度傷害。

《中時晚報》在披露劉冠軍案的報導處理手法上，即使有可議之處，如在取得偵查筆錄之後，逕予大篇幅報導，而可能干擾偵辦中之司法案件，或有違反公共利益之虞，但在這個層面上，也屬於新聞倫理與新聞自律的課題，政府不宜介入。司法單位若認其已涉及不法，則應依法偵辦起訴，也絕非逕以恣意搜查、管制方式介入。更何況即使劉冠軍案偵查筆錄關係國家機密，應追查偵辦之對象，亦為洩漏此一筆錄的新聞來源，而非刊布此一筆錄內容的新聞媒體，除非該媒體以造假、扭曲或明顯違犯國家利益的方式為之。

新聞自由是民主憲政國家可貴的內涵與精神之一，也是檢驗一個國家是否真正成熟民

主的重要指標。檢方大舉搜索《中時晚報》編輯部，限制編採人員出入的做法，不僅偵辦手段過當，也是嚴重違反憲法、傷害民主憲政與新聞自由的錯誤示範。政府對此應知所檢討，司法部門尤應對此有所約束改進。

（2000/10/14，台灣日報「社論」）

38
平議美國保護記者委員會對台灣新聞的報告

　　美國「保護記者委員會」（Committee to Protect Journalists）日前發表了一份《公元兩千年新聞界所受之攻擊》（Attacks on the Press in 2000）報告，其中提到台灣的部分，以呂秀蓮副總統控告《新新聞》周刊、《中時晚報》遭檢察官搜索和《勁報》記者因報導新聞遭到移送法辦的案例為例，認為我國刑法仍保持對誹謗和汙衊的懲罰是「對台灣新聞自由最嚴重的威脅」。針對這項報告，我新聞局長蘇正平於二○○一年三月二十日表示，我國對新聞自由有所保障，但也保障個人名譽，與新聞自由無法混為一談；而《中時晚報》及《勁報》案例，則是牽涉

國家安全問題，各國都有產生不同爭議，行政院已著手修法，希望能對新聞自由提供更多保障。

美國保護記者委員會的報告，涵蓋層面廣及全球一百三十一個國家、列舉六百多樁案例，顯見新聞自由是人類進入二十一世紀之後仍有待努力的目標，保障資訊的自由流通與意見發表的自由，乃是全球性的課題，這與人權議題一樣，台灣自然不能例外。對於新聞局表示已經著手修法，希望提供更多對新聞自由的保障，我們當然樂觀其成。唯我們也必須指出，美國保護記者委員會列舉的三樁案例，與新聞自由之間的關聯性是否如該會所宣稱已形成「對台灣新聞自由最嚴重的威脅」，則是有待商榷的。

新聞自由的這個理念，即使在西方仍多有爭議，以美國是否擁有報業自由為例，傳播學者就有正反不同的辯論，主張美國沒有報業自由的一方，強調美國至今仍然有對報業自由的各種法律限制（如誹謗、隱私權侵害及其

他危害公眾利益的活動），此外媒介組織內部也以守門行為限制此一自由，因此稱不上自由。而主張美國擁有報業自由的一方，則強調新聞自由本來就需要作某種類（如國家安全、法院裁決、誹謗行為等）、某程度（如道德、倫理與新聞自律）的限制和責任課與，而這些必要的限制，乃是正當的，不能拿來做為美國沒有新聞自由的理由。再從實際的狀況來看，美國以憲法第一修正案明文保障言論自由和報業自由，但仍不排除國會和州議會制定誹謗法、隱私法乃至涉及國防機密、政府秘密檔案報導的限制性法律，媒體自律也被社會視為新聞人員必須遵守的新聞倫理。從絕對論的角度看，美國當然沒有徹底的新聞自由；但從相對的角度看，這些限制反而是對新聞自由的一種衛護。

美國保護記者委員會所舉台灣案例，可以拿美國的標準來檢驗。呂秀蓮控告《新新聞》案，事屬法律誹謗罪爭議，除非《新新聞》掌握確切證據，能證明該刊報導屬實，

否則即使遭到法院判決敗訴，也與台灣的新聞自由指標無關，該會卻採取即使在美國也存在的法律訴訟案例，推論這是對台灣新聞自由的嚴重威脅，並不公允。因為這牽涉的是媒體可信度的問體，而非新聞自由的問題，在美國也不被允許。至於《中時晚報》遭檢察官搜索案，則確有不當，台灣的檢察機關在這個案例上應該檢討。不過，由於此案和《勁報》記者遭移送法辦案，都事涉國家安全問題，政府處理方式固然可議，卻也與台灣缺乏相關法律規範媒體報導和限制政府施為有關，有待迅速立法，且兩案均仍在法院審理中，記者未因此遭羈押、報館也未因此關門，似不宜以此推論台灣新聞自由未獲保障。

美國保護記者委員會以在美國都不存在的新聞自由絕對論，檢視台灣新聞自由，特別標舉美國也存在的「誹謗與汙衊刑法」，說這是「台灣新聞自由最大威脅」，確實難以令國人心服，不過我們寧可將之視為該會對

39
向八卦媒體大聲說不

　　某家媒體以顯著篇幅刊載《時報周刊》報導副總統呂秀蓮在美國留學時與現任國民黨組織發展委員會主委趙守博間有一段情。這個聳動的報導，已經隨即遭副總統辦公室及趙守博雙邊嚴正否認。這是自從《壹周刊》來台創刊之後，衍生為數甚多的名人八卦風波之一，媒體報導看似有趣，其實在毫無查證、充滿推估的採寫過程中，已經對相關當事人的隱私、名譽與形象造成莫大傷害；但更嚴重的是，這些八卦報導凸顯的是媒體的墮落，及其對於社會價值觀的踐踏與扭曲，這才是當前社會應該警覺的問題。

　　副總統呂秀蓮上任以來，頻遭相關媒體報導的不公對待，先前《新新聞》周刊所謂

總統府誹聞風波案，目前仍在法院審理，如今又出現《中國時報》報系未經查證的八卦報導，乍看好像只是政治人物個人名節或媒體關係的問題，但仔細尋索，其中卻也透露出媒體在政權轉移之後意圖透過報導污損政府形象的用意，此所以呂秀蓮明明與趙守博雖然有同校同學之誼，但政治信念則大相逕庭，卻也被拿來大做關係，明明是呂秀蓮介紹她的堂妹給趙守博，也能被報導者掰成「追求不成，改當姻親——趙守博與呂秀蓮關係匪淺」的聳動新聞。這種報導採訪，就新聞要求查證、嚴謹與正確的專業標準來看，無一合格，卻能堂而皇之在讀者眾多的《中國時報》報系以報紙和雜誌的重要版面發表，其中政治玄機，昭然若揭。

媒體本來應是民主體制中的第四權，獨立於行政、司法和國會之外，做人民的喉舌，善盡監督政府的責任，同時提供詳實正確的新聞報導，守護社會，滿足讀者知的權力，以使公共領域不受政治、商業的污染。

但就這次《中國時報》報系放出呂趙關係八卦消息而論，卻已嚴重踐踏媒體應守的基本義理和倫理，成為以不實報導打擊政治人物的工具，媒體如此墮落，令人擔心、也讓人遺憾。其次，《中國時報》所以不加求證，即以聳動標題、大幅刊登，應與《壹週刊》出現後，爭奪娛樂媒體市場有關，《壹周刊》以狗仔雜誌自命，創刊以來，不斷激化報導素材，快速佔有市場，並且影響《中國時報》報系下《時報周刊》既有銷路，於是相激相盪，模仿競爭，但求驚爆聳動、刺激視聽，不問隱私公德的歪風頓起，《壹周刊》記者日前意圖闖入總統官邸遭移送法辦一事，也同樣令國人不敢領教。如此土洋大戰，不計手段，報導花樣愈趨走火入魔的市場競爭，更是嚴重折損媒體守護社會、為人民喉舌的公信力。

我們對於近來部分大眾傳媒以八卦新聞為重的走向不能不表示憂心。台灣是一個民主開放的社會，各種思想言論與資訊，即使離

40
新聞自由要立基於
事實根據

　　最近高等法院針對曾經喧騰一時的兩起
誹謗案件作出司法判決，兩案性質雖然不盡
相同，但都涉及政治人物名譽以及對外散布
不實傳言的言行，其中馮滬祥、謝啟大等人
因散布前總統夫人曾文惠於總統大選後攜帶
鉅金赴美，遭法院判決誹謗有罪，並處以徒
刑；另一起則是《新新聞》雜誌及其相關人
員，因在刊物上刊登所謂「嘿嘿嘿」報導，
指副總統呂秀蓮傳播總統府誹聞，被法院判
認侵害副總統名譽，應於報紙刊登道歉啟
事。這兩起判決，都與政治人物有關，也都
牽涉到言論自由、新聞自由的認定，而遭到
法院判決有罪的敗訴者，則又堅稱他們所傳

布的均屬事實，且指責司法不公。言論自由
與新聞自由為憲法所保障，大法官釋字第五
○九號解釋文更確切地「有無相當理由確
信所言為實」的保障，然而這兩起官司的被
告，對他們所指涉的傳言則一直拿不出具體
證據，卻又言之鑿鑿，這才是法院裁定被告
敗訴的主因，換句話說，被告無法就其陳述
提出「相當理由」來證明其確信為真，則既
無事實根據，當然應負法律責任。

　　這兩起官司具有相當重要的指標意義，
固然因為遭被告指涉的政治人物一為前總統
夫人、一為現任副總統而受到朝野重視，但
更重要的是，媒體與國會議員在享有新聞自
由的同時，是否可以根據極其薄弱、甚至毫
無根據的傳言，就透過議會或媒體逕行對外
散布，造成對被指涉者的人格與尊嚴的傷
害。現在，法院的判決顯然很清楚，憲法當
然保障言論自由、新聞自由，但不表示這些
自由可以毫無規範，可以容許毫無事實根據
的指控和惡意的汙衊。類似馮滬祥等光是根

據傳言就對外言之鑿鑿，指控當時的國家元首夫人攜帶巨額美金出境，這不但是對元首夫人的人格指控，同時也造成對元首家庭的傷害，在法院的判決過程中，已清楚查出當時曾文惠並未出國，而海關人員、銀行行員也作證指出並無其事，然馮滬祥等人在此過程中依然不斷散布，且拿不出有力人證與物證，如果法院能容許這樣的「信其為真」的犯法言論，則世間豈有國法與公道？

《新新聞》案則更清楚，《新新聞》報導呂副總統散布總統府誹聞，從頭到尾根據的是該刊總編輯所謂「接到嘿嘿嘿電話」的說詞，通聯紀錄卻顯示當時兩方都無電話通訊，《新新聞》於案發後強調擁有錄音帶迄今也拿不出來，而相關證人也證明誹聞並非副總統傳出，則《新新聞》散布的「嘿嘿嘿」新聞既不能證明為真，則不根據事實所為的報導也就自然稱不上是新聞，這種以傳言、推定且未經嚴謹查證取得的假新聞，如果也受到保障，則媒體的公信力和可信度勢

必遭到質疑，而社會上的八卦傳聞也將氾濫成災。

這兩起判決最值得省思的部分，在於捏造、扭曲的傳聞，如未經縝密查證、握有相當可信之證據，即不受言論自由的保障。台灣的媒體與部分政治人物長久以來喜歡捕風捉影，又不事查證，每每造成對被指控者相當嚴重的人格與名譽的傷害，除這兩起案件外，如李慶安誣指衛生署代署長涂醒哲舔耳案，如《中國時報》指陳水扁總統涉入政治獻金案等，都為公眾熟知，最後道歉了事。新聞自由和言論自由在這層出不窮的事件中，早已受到斲傷。新聞自由不能無限上綱，不能罔顧人權、違反法律，當然，更不能漠視事實。媒體必須從這當中學得教訓，否則，如外國先進國家媒體因涉及誹謗，而遭巨額索賠的判例，將來必然出現。

台灣的政治民主已經運轉成熟，可惜的是媒體報導與政治人物的問政文化，仍未能精進改善，停留在手法粗糙、心態主觀而又

威權的傳統模式中。媒體與政客往往自以為是，根據經驗而不依賴事實，添加個人想像而進行推斷或報導，這是相當危險的做法。過去威權年代中，媒體受到國家機器宰制，即使是事實，往往不敢報導，如若報導，輒遭下獄去職命運，如當年白雅燦僅發表要求總統公布財產之政見，即遭叛亂罪起訴下獄，如今國內政治民主、新聞自由，如此以政治力殘害人權的惡例已然不再，言論自由和新聞自由已獲得國家保障，在這樣的時空環境之中，再拿新聞自由作藉口，不根據事實，嚴謹查證與報導，絕難獲得閱聽公眾的認同與肯定。沒有人能夠恫嚇媒體、壓制言論，除非媒體人自甘墮落，製造假新聞、修理公眾人物，自然要受到法律的制裁。媒體必須珍惜新聞自由賦予的特權，努力提升專業能力，嚴謹報導，取得公眾信賴，才是當務之急。政治人物亦復如此。

（2002/12/19，台灣日報「社論」）

41

揭穿親中媒體建構
台灣社會虛假圖像的
荒謬行徑

　　二〇〇三年三月五日，《台灣日報》民意論壇版刊出一封題為「無恥媒體政客別拿職棒當政爭工具！」的讀者投書，作者林冠妙本身是棒球迷，在投書中，他特別針對《聯合報》近日報導相關職棒新聞的預設心態和使用語辭問題，提出了質疑。投書列舉三月一日《聯合報》如何以諷刺意味的標題「阿扁看球主場剋星」，幸災樂禍地嘲諷我們的國家元首是職棒球場剋星，試圖挑動球迷將陳總統當成輸球時洩恨的箭靶；三月二日，該報繼續以「還好兄弟贏阿扁洗脫衰名」為

媒體強化（或者扭曲）的感覺，會導致大眾對
這些事物的重視程度與觀感。正因為如此，
媒體的報導如果不循正軌，不按照事實與理
性，反映的社會圖像就會扭曲變形，就會失
真，嚴重的甚至誤導社會，傷害社會，這樣
的媒體就不值得信賴，從資訊消費者的角度
來看，這類販售偏見資訊的媒體與販售偽藥
的廠商無異，都是社會公害，資訊消費者不
但有權利，更有義務加以揭穿，以維護公眾
資訊的清潔澄淨，防止整個社會受到污染。

　對照起來，林姓讀者投書所列舉《聯合
報》報導的內容，理性的資訊消費者必然
可以發現，該報在處理職棒新聞與陳總統
觀賞球賽兩件新聞中，做了不當的聯想、
揣測，以及過度戲謔的連結。該報記者不
但忘掉了身為記者必須就事實報導的新聞
寫作 ABC，還以建構虛假圖像的方式，
建構陳總統是「主場殺手」的次象徵符號
（secondary symbols），貼上標籤之後，據
以調侃國家元首參觀職棒必定帶來主場球隊

得掌聲」──試問，任何具有理性的台灣讀者，在閱讀《聯合報》新聞之後，建構出的「腦海中的圖像」是什麼？一清二楚，那就是凡台灣此岸的陳總統所作所為，即使與總統能力無關的球賽，都是「殺手」，都必敗無已，如果成功，則屬意外；凡彼岸的中國政權所為，即使是曾經以飛彈威脅台灣人民的朱鎔基，都贏得歷史、贏得掌聲。

　　《聯合報》被視為「親中媒體」、「統派媒體」，由這些報導刻意建構的虛假圖像，可以證明絕非子虛烏有，這種意識形態無限上綱的粗糙的議題建構，還不止於前舉兩端，也不止《聯合報》一家。以《聯合報》為首的這類親中媒體自李登輝總統擔任首任民選總統以來，就慣於以大中國意識形態建構對自己國家元首的扭曲形象，如以「黑金教父」、「翻臉無情」、「忘恩負義」等負面符號形塑李前總統，以「鴨霸」、「童子軍治國」、「律師執政」等標籤形塑陳總統，特別在政黨輪替之後，更是利用完全開放的

新聞自由環境，將總統治國能力與總統職位
毫不相干的新聞議題加以連結，造成台灣
民眾「總統無能」的錯覺——職棒開球、觀
球，哪隊勝負？與總統何干？阿里山火車車
禍，與總統何干？水災、旱災乃至火災，又
與總統這個職位何干？然則親中媒體都能隨
意連結負面標籤，畫黑抹白於自己國家元首
的臉上。反過來，面對一再宣稱不惜用武力
攻打台灣，且目前仍以飛彈對準台灣的中國
政治人物則以「明君賢臣」的封建心態加以
化妝，朱鎔基在《聯合報》筆下「贏得歷
史」，李登輝在《聯合報》筆下則被形容為
「歷史垃圾」；二○○三年三月四日晚間中
天新聞台還曲意報導已逝的中國前總理周恩
來猶似歷史偉人，「人民感戴」……，凡此
種種報導，都不能不讓我們感慨：媒體做為
社會守護者的天職，做為人民的喉舌的天
職，何以蕩然至此？媒體記者報導事實，不
虛構圖像、不扭曲真實的專業素養，何以淪
落至此？

42

不宜錯用威權年代宰制媒體心態看待資訊多元市場

日來在野的國民黨不斷提高分貝批評政府透過行政特權介入媒體，繼二〇〇三年三月十一日該黨立院黨團指控政府及國營事業每年編列近四十億元宣傳預算，並藉此控制媒體，方式比黨政軍介入媒體還可怕一事之後，二〇〇三年三月十二日的國民黨中常會中，立委洪秀柱又以「政府控制媒體新現象與本黨改革因應之道」為題，指控政府「綠化」媒體、逮捕記者、搜索、查扣媒體，副總統控告媒體、總統以誹謗罪要脅道歉、對媒體扣上「統派」「紅帽子」等作為，檯面下更以各種脅迫利誘企圖掐住媒體的喉

舌……，甚至批評總統在電視上的「阿扁傳真」是「強暴媒體四分鐘」。而國民黨主席連戰則認為在「政府採購法」未經立法院審議通過的情況下，這是「違法偷跑」的行為。

在野黨對政府的批評，在民主政治的常軌上當然應該受到尊重，這是政黨政治必要的制衡機制，問題在於前述國民黨的這些指控是否根據事實，如果是，則人民當會感謝在野黨的大力監督；但如果所指控的事項不符合事實，甚至空穴來風、惡意栽贓，儘以鬥臭鬥垮執政黨為能事，則人民的眼睛是雪亮的，終究會看穿類似手段與伎倆。以洪秀柱的批評為例，她所提的種種「證據」，其實民眾都記憶猶新，其中如逮捕記者、查扣媒體，就非事實，因為事實是檢察官因辦案需要申請搜索票赴媒體進行查訪搜索，但迄今仍無任一記者遭到逮捕，也無媒體遭到查扣，很顯然洪秀柱的指控扭曲了事實；此外副總統控告《新新聞》事件，總統府針對新

部、調查局、國安局與黨的文工會，乃至美
麗島事件之際的新聞局，全面管制、封殺新
聞媒體的報導，要求言論方向遵循國民黨統
治政策。其間禁止新報發行，因而有「報
禁」政策，掌控三台，不許人民經營電視，
連中小功率的廣播電台都全面封殺，直到李
登輝上台之後才逐一解禁；至於查禁報紙雜
誌書籍、停刊報紙雜誌，逮捕記者、編輯、
作家乃至媒體發行人，判刑入獄，更是不計
其數，著者如楊逵、李荊蓀、雷震、柏楊、
李敖都是，導致解嚴後國家必須賠償這類冤
獄損失——如此以黨政軍特四結合的權力施
為，恣意妄為，嚴密監控媒體，正是嚴重侵
犯人民言論與媒體新聞自由的恐怖統治。洪
秀柱等國民黨立委居然可以畫黑抹白，說政
府編列預算付費在媒體上做廣告比起「黨政
軍介入媒體」還恐怖，其誰能信？一如總統
府公共事務室主任黃志芳所說，在媒體高度
自主的今天，在野黨還用過去習慣思維和做
法來看政府的新聞處理，也對媒體形成了污

辱。至於連戰說新聞局「違法偷跑」，則更不值一駁，因為事實上它的法源「政府採購法」早於民國八十七年即通過實施，二〇〇二年二月還進行修法。

關於國民黨立院黨團抨擊執政黨編列十九億四千九百多萬元宣傳費，國營事業及健保局宣傳預算也近廿億元一事，行政院發言人林佳龍已提出澄清，這是經過立法院審查通過的預算，既屬合法編列，且與舊政府時代相比也無差異。而就實際運用來看，這些廣告預算的受益媒體，分配最高的還是親中、親藍的聯合報系；國營事業廣告，以中華電信去年支出為例，國民黨營的中廣流行網、新聞網，就分佔 13.63%、56.31% 比例，固網的中廣流行網及音樂網則分佔 43.38%、23.08% 高比率，一到七月中廣集團就佔了中華電信 68.66% 廣告經費，新黨趙少康任董事長的飛碟集團則佔掉 21.34%。很明顯的，政府與國營事業的媒體預算，受益者主要是親中親藍媒體，這群泛藍立委說政府控

制媒體，應該先問中廣、飛碟被控制了沒有？但反過來看，我們不禁也要質疑政府，如此大方地將媒體宣傳預算大幅分配於這類媒體，是否符合廣告應有的媒體效益？相對的是以台灣優先為立場的本土媒體所能分配的預算自然有限，這又豈符合廣告原理？現在泛藍政客以此為議題，也該是執政黨思考並調整此類預算分配的時刻了。

傳播研究學者早已指出，台灣目前已進入資訊多元市場，政府既不能也無法控制媒體，這是學界與公眾的共同常識，我們很遺憾泛藍立委與在野黨仍以舊日威權獨裁政體控制媒體的心態批評政府合法的預算編列，台灣諺語說「做賊的喊捉賊」正是此意——而在廣播與電視中叩應節目的氾濫，及其普遍偏向泛藍親中立場的比對下，說政府依法指派有限董事席次就叫「綠化媒體」，那就更不知所云了。

（2003/03/13，台灣日報「社論」）

43
台灣內部仍殘留意識
形態霸權的偏差審判

「非常報導」光碟一二集造成政壇震撼，自宋楚瑜以「下流」怒斥光碟中的報導與評論之後，親民黨上下卯足全勁展開對「非常報導」的批判，他們對台北市政府施壓，導致這片光碟遭台北市政府宣布將加以取締；這還不足以洩憤，他們在立院質詢要求行政院也加以取締，但在游揆以此關係言論自由，並未同意之後；則由邱毅點名江霞、謝志偉、吳錦發、魚夫等四位藝文界人士為「幕後黑手」，並揚言將控告四人與相關演員……。此外一些親中媒體更是發動輿論攻勢，建構議題，意圖將「非常報導」扣上「執政黨幕後策劃」、「黑函文化」、「負面文

宣」的帽子，營造「人人皆曰可惡」的意見
氣候。

　一片以戲劇表現方式評論泛藍政治人物和
媒體人的光碟，居然引起如此瀰天蓋地的反
撲，恐怕是這片光碟的製作群和演員所難以
預想。他們只因為看不過去泛藍人物和親中
媒體長達三年半對陳水扁總統和新政府的抹
黑，根據具體有徵的新聞報導，以戲劇方式
加以凸顯，來指出泛藍政客和部分媒體的惡
意抹黑，提供閱聽人「聽其言，觀其行」，
而有所平衡於社會公論和正義。這樣的作
為，即使失之於誇張戲謔，也可為社會公
評；如有涉及誹謗，相關人等也大可按鈴控
告，訴諸法律。想不到被批評者既無法治觀
念，也沒有保障言論自由的心胸，卻沿襲戒
嚴年代統治者壓制言論的方式，意圖展開媒
體審判，恫嚇「非常報導」繼續出版。

　二〇〇三年十一月十七日，在「非常報
導」中擔任角色的女演員王小芬於接受親中
媒體長達一個小時的「公開拷問」之後，終

於崩潰，而傳出於當天晚上自殺的消息，幸而服藥藥量不多，目前情況穩定——這讓我們看到了戒嚴年代宋楚瑜擔任新聞局長時發動輿論制裁施明德等美麗島「匪徒」的翻版。王小芬因為受不了近日以來親中媒體的拷問而有輕生之念，一個演員，根據她的表演能力詮釋劇情，何罪之有？一個演員就算有她的政治立場和理念，為這個政治立場和理念演戲，又有何不可？泛藍政客卻必欲趕盡殺絕，透過媒體施加不當壓力，這樣的「集團」果爾取得政權，台灣的言論與表現自由只會更緊縮、更不堪！

王小芬是受害者，與王小芬同樣遭到這種意識形態霸權的偏差審判者，還有男演員安迪夫婦，他們夫妻挺扁，立場更鮮明，遭到親民黨點名之後，立刻遭到電話恐嚇，節目通告也都立刻遭到取消，這幾天安迪夫婦上節目接受訪問，說他們夫婦喜歡阿扁，支持阿扁、愛台灣，因此接受劇本加以演出，「這有甚麼錯？」泛藍立委和政客、媒體可

以廿四小時不斷醜化、辱罵新政府，他們演個七分鐘，根據新聞加以評論，「這又為甚麼不可以？」這些陳述，讓全台民眾感受到了一個本土演員對台灣這塊土地深沉的愛。儘管陳總統上台，安迪的演藝事業並未受到照顧，生活艱困，他們夫妻並未因此怨責阿扁，也從不尋求報償，這種無私的愛，是對台灣的承諾，因此更加可貴。不是泛藍一群政客所能想像。

我們必須指出，事實上在這一連串的輿論撲殺行動之後，掩藏著更值得台灣人民警惕的結構問題。這個問題就是意識形態霸權的偏差審判，仍存留在演藝表演與媒體界中。從光碟風波被炒作之後，我們看到應該維護演藝人員尊嚴、生存空間和表現自由的演員工會居然忘掉此一天職，對外強調「演藝人員不宜介入政治」，比起當時人在北京的劉家昌還透過媒體抗議宋楚瑜打壓演藝人員，演員工會應該大感慚愧。演員工會的存在如果只是為了吃飯，而不在意政治對演藝人員

表現自由的壓制，這樣的演員工會豈能對抗
政治介入？莫非演員工會就是泛藍系統的一
員？細看演員工會的幹部和結構，其中不乏
戒嚴年代政工幹校出身者，他們在戒嚴年代
接受國民黨意識形態霸權的洗禮，執行國民
黨的文化政策，控制台灣的演藝圈子，早有
盛名。劉家昌當年也是此一意識形態霸權的
核心，但他終究能夠反抗宋楚瑜當時的宰
制，不做打壓演藝人員的幫兇，演員工會此
刻面對王小芬的自殺、安迪夫婦的無奈，豈
能不出面維護演藝界的尊嚴？

　演藝人員也是國家公民、世界公民，擁有
政治立場和喜好，乃全世界皆然，珍芳達越
戰時期出面領導反戰、李察吉爾公開支持西
藏獨立，不但不影響他們的演藝事業，反而
更加受到世人肯定——台灣已經政黨輪替，
卻還殘存可笑的意識形態霸權，只准演藝人
員擁藍，說那是「愛國藝人」，不准擁綠，
說那是「介入政治」，這是欺負演藝人員，
把他們看作傻瓜；更是欺負台灣人民，把台

灣看成仍在威權統治下的落伍國家。這陣子
來從親民黨的惱羞成怒、到親中媒體的圍剿
審判，都讓我們看到了國民黨威權統治的遺
毒仍在持續作祟。這才是台灣人民最應該警
覺的。

在政治上，任何公民的言論自由必須受到
保障，政府沒有任何權力可以審查「非常報
導」的內容對錯；在藝文表演的領域中，表
現自由更是天經地義，沒有任何政黨、任何
媒體，乃至演員工會可以判定是非。「非常
光碟」風波演變至今，卻處處充滿意識形態
霸權的偏差審判，那些活躍於親中媒體上的
記者、主持人還能振振有詞，自我閹割藝文
界的表現空間，更是墮落不堪。一片「非常
報導」猶如照妖鏡，照出這些媒體人、演藝
人的自甘沉淪，也算功德一件。

（2003/11/18，台灣日報「社論」）

44

媒體‧沒體‧霉體？

　　由連宋陣營發動的三二七遊行已經落幕，總統府前的群眾聚會轉進中正紀念堂，一個多禮拜的政局動盪暫獲平歇。二〇〇四年三月二十九日的台北天朗氣清，股市大漲，具體說明了我們的社會真正需要的是理性和平；而宗教界領袖、婦女團體、商界和學生社團的出面呼籲朝野冷靜，用愛心和寬容包紮大選撕裂的傷口，更深刻說明了中道力量的存在。中道力量往往是沉默的，但中道力量才是社會的主流，在關鍵時刻，中道最為可貴。

　　媒體本來也是中道力量，媒體是社會良心、公眾守護者，遺憾的是，在這次從大選到選後的報導過程中，我們的媒體卻扮演了

推政爭之波、助動盪之瀾的角色，無視於做為「第四權」，獨立於行政、立法、司法之外的中立倫理，淪為煽風點火、擴大朝野矛盾、誤導閱聽人認知的凹凸鏡，甚至介入政爭之中，甘為政黨傳聲筒，使得社會陷入狂亂、焦躁、疑惑、憂慮的集體情緒下，導致社會、族群的分裂與撕扯。這是此刻媒體人應該嚴肅面對的問題。

政治鬥爭的是非，有政治和法律機制去解決，媒體該盡的是確實無誤、不雜偏見的報導，並且有責任去除語言、文字、鏡頭的情緒性使用或偏差性處理，這才對得起無分藍綠的媒體閱聽人——然而事實擺在眼前，我們的媒體，特別是電子媒體，從選前到今天都還是出現可避免、該當避免的偏差，導致藍綠雙方陣營相互仇視、真相愈理愈亂，社會大眾人心惶惶，無法安心營生的惡果。政局動盪，固非媒體所致，但媒體投入過度，成為催化動盪幫兇，則無可卸責。

舉幾個大眾共知的例子。三二○當天，

電子媒體自許將以最快速度報導開票過程，但除了少數根據中選會開票數據報導的媒體外，其他各家專業「新聞台」在統計扁連得票數上卻大不相同，甚至還有得票差距超過數十萬的離譜報導。這樣明顯操作開票過程，影響閱聽人選情認知的做法，不但違反新聞倫理與專業要求、踐踏閱聽人知的權力，其結果還誤導藍綠兩方選民，泛藍支持者在電子媒體「灌票」過程中狂歡，以至於最後面對連戰以些微票數落敗的沮喪，情緒起伏之大，媒體豈無責任？連宋當晚不承認選局結果，與此一錯誤訊息的傳播豈無關聯？但選後至今，有哪家電子媒體為此認錯道歉？媒體豈能不自我反省？

再舉一例。泛藍群眾總統府抗議事件連續七天，電子媒體以二十四小時方式播報，自無可議；然則，七天報導中，不乏媒體記者以歇斯底里的高亢語調、表情，不分對錯、不問是非，報導集會各種言論，毫不過濾離譜、未經查證的傳言，這樣的做法豈是

中介媒體所應為？此外，七天中，多數電子媒體聚焦於群眾的集體激情、政治人物的離譜言論，乃至於群眾圍毆打人的狂亂畫面，不但扭曲了這場抗議的主要訴求，同時也放大了族群差異、藍綠仇恨情緒，這樣的媒體鏡頭呈現的豈是抗議人群以外更廣大的社會真相？又如未在現場的主播只根據畫面和片段訊息，就做出「台灣人民要求真相的呼聲令人感動」、「在這裡我們看到台灣民主的希望」的結論；如導播以剪輯方式將三二七大遊行畫面和總統府前廣場抗議群眾的畫面交互播出，人多時採俯角鳥瞰，人少時採仰角特寫切入，這樣的畫面處理，又豈能告知民眾真實訊息？

媒體，不能沒體沒理，遠離中道，以偏差、扭曲的報導框架，引發公共領域的激情對立。媒體人必須自我反省，莫讓媒體因為「沒體」而淪為讓人瞧不起的「霉體」。

（2004/03/30，中國時報「名家專欄」）

45

該是媒體自我檢省
的時候了

警方圍捕張錫銘過程中，出現媒體全程跟拍畫面，甚且傳出媒體要求警方假搜山情事，又一次暴露了台灣媒體為追求閱聽率而不惜製造假新聞，渲染視聽、搶攻市場的老毛病。在這個事件中，警方為滿足媒體需求而假攻堅的做法固不足取，但以追求真相、報導事實為天職的媒體卻出下策，製造假新聞，則更該被檢討。攻堅畫面可以製造，則其他新聞也勢必可以製造，媒體的公正和新聞的真實都會遭到閱聽人的質疑，這對新聞專業和倫理都是嚴重斲傷。媒體一天到晚要求政府、官員或公眾人物道歉，然而媒體卻

從不為自身製造假新聞向閱聽人道歉，則更加凸顯媒體的傲慢和不知反省。

　　媒體這種輕慢，非一日之寒。令閱聽人印象深刻的，前有立委李慶安指控前衛生署長涂醒哲舐耳案，當時媒體不分青紅皂白，不事查證，立即設定涂醒哲為舐耳案主角，等真相水落石出之後，則又反過頭來要求李慶安道歉，卻無視於媒體自身就是幫兇；後有三一九總統大選開票過程，電子媒體一路灌票，導致其後三一九事件的爆發，引發政治風暴，影響社會安定與族群關係，雖有媒體監督團體出面指責，灌票的媒體仍然堅不認錯。

　　媒體有建構人們腦海中圖像以及社會真實的強大能量，早已是公眾常識。這樣的功能從國家大事到日常瑣事的報導，無一不昭彰在目。前不久呂副總統於「七二水災」發表談話，引發媒體關注，不斷報導，最後導致原住民憤怒，發起「出草」抗議，呂副總統雖然強調她的談話遭到媒體曲解，但風波已

　　媒體能設定議題，讓閱聽人相信媒體報導的議題都是當日大事，媒體認為重要的，閱聽人也就認為重要。除此之外，媒體也建構議題，炒作新聞。媒體喜歡以「衝突」為新聞取材要素，沒有衝突要素的新聞就靠「議題建構」來炒作。所謂「議題建構」簡單地說，不外四個步驟：首先，媒體強調議題以引起公眾注意、討論；其次，媒體會將議題加以整理、標籤，以便在報導過程中上下其手；第三，媒體接著將事件或議題與次象徵符號聯結，使其成為政治生態的一部分，炒作此一議題使其更具爭議性；最後，則是引導相關人物出面，並試圖激化這些發言者之間的歧見，以使議題更具爆發力。在「羅太太事件」的報導中，這些手法都歷歷在目。

　　更近的一個顯著例子是媒體炒作執政黨年底選戰主軸將設定「終結連宋體制」的新聞。在這個新聞的處理上，媒體以未經查證的新聞訊息，強調民進黨文宣部已經確定將在年底選戰文宣中訴求「終結連宋體制」，

這是第一步手法，斗大的標題、高亢的語調，使得這則新聞相對刺激可讀，充滿衝突性；接著媒體把這則新聞貼上「打連宋」的標籤，並將此一文宣和「終結在野黨」、「藍綠對決」、「治國無能」等次象徵符號加以聯結，於是進入政治生態，引發國親立委和連宋兩人的反彈，爭議性更加強化，媒體報導他們的反應更顯得不亦樂乎；最後，媒體還引導執政黨立委，透過他們嘴巴批判民進黨文宣部，並以「綠營內部一陣撻伐」的聳動說詞加以強調。這就是典型的「議題建構」手法，目的無他，讓新聞更強烈、更聳動、更刺激罷了。儘管主責的民進黨文宣部主任鄭文燦已經出面說明該黨競選主軸尚未定案，「終結連宋」只是選項之一，「終結連宋並不是終結反對黨」，媒體依然無視，只是根據自己的想像大作文章，猶如總統選戰時炒作邱義仁的「割喉說」一般。

媒體如此處理新聞，建構議題，導致事實的不在、真實的缺席，做為公眾新聞資訊的

46

失真的台灣：

媒體應謹守「四不」原則

關心台灣社會的人，愈來愈會發現，我們所認識的社會愈來愈不像我們日常處身的社會；我們所了解的台灣，也愈來愈不像真實的台灣。

我們日常處身的社會，人們之間和睦、客氣，不出穢言，對待陌生人也還保有基本的熱情和關心，從城市到鄉村，從海濱到山巔，多數人臉上洋溢著朝氣和安祥，多數人勤奮工作，儘管勞苦奔波，但不怨天不尤人，踏實過日，和諧喜樂，是我們對日常處身的社會的主要感覺。然而我們若閉門不出，只依靠媒體提供的訊息來「認識」我們的社會，前述的圖像可能立即改觀：在充布

綁架、搶劫、殺戮、自殘等等訊息，以及各色各樣的奇聞怪談、畸零八卦的媒體中，這個社會就彷彿末世紀一般，滿布生存危機、恐怖氣息和仇恨、憤怒、頹廢、無望的氛圍──「炸彈客」到處蠢動、「殺人魔」環伺在側、「溜鳥俠」遊蕩各方、「××之狼」潛伏城鄉……，我們透過媒體「認識」的社會，宛如鬼域。

我們了解的台灣，相較於世界各國，政治其實相當穩定，政黨競爭雖然激烈，但不激進；族群關係和諧，儘管仍有歧見，但往來熱絡，毫無阻隔；社會治安和家居環境雖然仍不理想，但城開不夜、生活便捷……。而從全球看台灣，光是最近陸續發布的全球性評比也顯示：台灣的政治自由已為美國「自由之家」評比為一級國家；台灣的全球投資環境已獲得「商業環境風險評估公司」（BERI）列入全球第五名，亞洲地區第三名；台灣的全球競爭力更被「世界經濟論壇」（WEF）評比為全球第四名，在亞洲地

區持續保持領先地位。這才是我們生活的台灣真實。然而如果我們只接觸媒體,只相信媒體的報導,我們「了解」的台灣將立即變色——台灣是一個擁有「騙子總統」、「野蠻在野黨」、「綠色恐怖」、「賣台集團」、「黑金體制」、「流氓國會」的台灣;是一個處於「統獨爭議」、「省籍矛盾」、「族群仇恨」、「意識形態鬥爭」不斷的台灣;是一個「經濟崩盤」、「社會動盪」、「道德沉淪」、「不公不義」的台灣。媒體報導下的台灣,並非真實的台灣。

真實的台灣,讓我們覺得每天醒來都有希望,活在台灣真好,覺得週遭的人都親切和藹、有禮;媒體建構出來的台灣,卻是青面獠牙的台灣,每天淨是燒殺擄掠、你爭我奪,爾虞我詐,危機重重。媒體建構病態的台灣,也就難怪台灣會出現以吸引媒體眼光為業的病態人物:宣稱要暗殺總統的「革命」份子、每日搶在媒體鏡頭前舉牌的「柯董」、以打人、丟紙杯、罵髒話為常態的國

會議員,還有最近連續犯案還懂得通報媒體的「炸彈客」,以及因為媒體的反常報導而將以上這些病態人物視為「英雄」的病態讀者。媒體推波助瀾的結果,台灣真的病了。

但對照我們的日常生活,對照真實的台灣,對照前述的事實,嚴謹地說,並不是台灣的社會病了,也不是活躍在媒體鏡頭前的人物病了,而是我們的媒體病了。

按照傳統媒體理論,媒體應該是「反映社會真實的鏡子」,媒體應該忠實報導社會發生的事情,提供閱聽人事實真相;媒體應該客觀、公正和準確報導新聞事件,並且避免事實的扭曲⋯⋯。然而事實上,我們的媒體表現並非如此,媒體不但不反映社會的真實面,甚至扭曲、模糊或掩蓋了社會的真實。

以最近媒體對所謂「炸彈客」的新聞報導為例,不必談媒體如何報導事實,光是媒體濫用「炸彈客」,標籤以激烈、違法、危險手段對政府或社會進行恐嚇訴求的嫌犯,就違反媒體守護社會的基本倫理,逾越媒體

陳述事實的基本要求。法律上涉嫌犯法的嫌犯，被媒體冠以「客」名，而媒體對此還毫無警覺，一再沿用因襲，使用恐嚇炸彈威脅社會的行徑當然會受到鼓勵，社會是非和法律當然遭到踐踏，從「白米炸彈客」到「汽油炸彈客」當然應報導而生，最後，違法犯罪的炸彈犯當然會被部分人士視為「英雄」、「烈士」。媒體一旦使用這樣違常的符號而不自知，接下來的報導角度、語氣和新聞內容，也勢必跟著傾斜。媒體以炸彈嫌犯為「客」、以偷渡嫌犯為「客」，則將來也難保不以搶劫、殺人、強姦等嫌犯為「客」，媒體報導如此以「客」為尊，社會當然跟著生病。

目前的台灣，正處於由傳統威權過渡到全面民主的渾濛階段，媒體因此更必須更加清醒、冷靜、正確、符實，才能協助社會正確面對台灣圖像。報導犯罪事件如此，報導政治、經濟議題或社會衝突事件更應如此。我們的媒體不妨從嚴謹使用報導符號做起，

構的「虛擬光碟」事件中，被餵養了一大堆
「虛擬真實」，並且隨著這些虛擬事件而情
緒起伏，等到真實浮出水面，這才發現被媒
體戲耍，這是虛擬光碟事件中唯一的真實。

　　從桃園縣警察局刑警大隊未持搜索票，查
扣製作中的光碟母帶見報日開始，我們看到
的、聽到的，都是媒體告訴我們的。媒體一
開始先把這個母帶定名為「非常光碟」，試
圖召喚閱聽人對總統大選前夕出現過的「非
常光碟」的記憶，並且將其標籤為「抹黃」
光碟，接著以粗糙的想像力、荒誕的情節，
散布這片「光碟」內容，諸如其中影射桃園
縣長朱立倫與縣府女秘書有曖昧關係，與女
記者如何如何；接著，根據查扣母帶的警方
說法，強調還有第二波對台中市長胡志強的
續集；接著，兼任國民黨主席馬英九在該黨
中常會「爆料」，說下一片主角是他，內容
指稱他是同性戀，配對的是胡志強。

　　任何有點常識的人，都能判斷，除了被
查扣的母帶與朱立倫有關，其他的「新聞」

都是虛構的，因為既無第一集，何來續集和三集？然則，我們偉大的媒體，受過新聞專業訓練的記者，居然可以從二○○五年十一月十二日開始，編派這張未完成的「光碟」內容迄今，連篇累牘，像寫奇情偵探小說一般，有人物、有情節、還有畫面，把一張看不到的「光碟」說得跟真的一樣，這是媒體的墮落，是記者養成教育的失敗，也是閱聽人最大的無奈！

比起 TVBS 事件，這個虛擬光碟事件，更應該被新聞學院列為教材，好好討論。這是相當荒謬不經的議題建構手法。媒體記者根本沒有看過已被查扣的母帶，就將它與「非常光碟」構連，貼上「抹黃」標籤，這是荒謬者一；媒體主筆也沒有看過母帶，就根據記者無稽的報導，批評這個母帶影響選舉、干亂法紀，然而母帶既被查扣，如何影響選舉？有何干亂法紀？媒體只根據「據說」，天天搬演「非常光碟」的新出內容，受過學院嚴格新聞教育的記者，淪為八卦新

聞編劇，捫心自問，難道不會難過嗎？

　　荒謬的，還有靠媒體建構虛擬形象的政治人物，他們也沒看過母帶，只根據媒體報導、記者電話，就隨著媒體起舞，且還自行「爆料」，提供媒體更多可供炒作的「新聞」——朱立倫說：「光碟裡說我有幾個女朋友，乾脆說全世界女人都是我女朋友算了。」胡志強說：「警方查獲有人刻意製造對朱立倫選情不利的光碟後，也有關鍵人物告知他，這種光碟的抹黑對象也包括他。」馬英九說：「據說下一片光碟講到他是同性戀，還與胡志強配對。」——這些政治人物，根據「據說」，根據「聽說」，配合媒體，編派情節，於是媒體有了新的「新聞」，用來坐實虛擬光碟的不堪。媒體記者和政治人物，於是共同建構了一張繪聲繪影的「光碟」。提供媒體新聞的，是馬立強三人，宣稱因此受到傷害的，也是馬立強三人，這不是很可笑嗎？

並無犯罪事實之下，居然查扣光碟母帶，對
出版品進行事前檢查；他們未出示搜索票，
就扣押人民的著作財產，這樣違反憲法與法
律賦予人民基本人權的作為，居然會在民主
台灣發生，而在呂副總統以總統府人權諮詢
委員會主任委員立場提出質疑時，他們居然
還有臉反彈，而不知反省，這才是最最荒謬
的事情。TVBS 因資本結構問題遭新聞局行
政處分罰款，如果也叫侵犯言論自由，警察
公然侵入民宅，搜索、扣押出版品母帶，就
更是嚴重侵犯言論自由和基本人權，因為這
是警察國家、法西斯體制的專利，不是民主
國家的常態。試問，如果警察也進入任一媒
體，查扣其製作中的母帶或文本，捍衛言論
自由的人，無分藍綠，能夠容許嗎？

　　言論自由是天賦人權，受到憲法保障，
沒有高尚言論、低俗言論、荒誕言論的區
別；新聞自由也是如此，只要是出版品，就
受憲法保障，其中當然沒有大眾媒體、小眾
媒體或個人媒體之分；法治，是民主國家最

可貴的礎石，在台灣廢止出版法之後，政府
對任何出版品既無事先審查的權力，也沒事
後查禁的權力，何況執法的檢警人員。遺憾
的是，在這次媒體虛擬光碟事件之中，我們
不但看到大眾媒體如何造假，且自我作踐；
我們也看到包括馬英九在內的政治人物如何
跟著媒體建構的虛擬情節瞎掰；我們更看到
桃園縣警察局刑警大隊如何以違憲、違法，
踐踏言論、人權與法治，陷台灣於「警察國
家」的陰影中。這樣三合一的荒謬行徑，台
灣人民看在眼裡，痛在心裡，能不生氣嗎？

（2005/11/20，自由時報「星期專論」）

48

看到冰點也得看到冰山

—— 對中國當局多起箝制新聞
自由事件的省思

　　在中國頗受讀者歡迎的中國青年報《冰點》週刊在農曆年前遭中國當局勒令停刊，引起各界注意。這個事件的導火線，是該刊登載廣州中山大學教授袁偉時的文章〈現代化與歷史教科書〉，被認定「極力為帝國主義列強侵略中國罪行翻案⋯⋯嚴重傷害中國人民民族感情」。後面這句話，台灣人耳熟能詳，因為國台辦每次對台發言一直沒有少用過這句話。

　　事件發生後，該刊主編李大同發表公開信，指責此一事件暴露出中國「新聞管理體制的根本性弊端」，「將本應該百花齊放、百

家爭鳴的活躍政治局面，管制得萬馬齊喑、一片死氣沉沉」。對於曾經走過戒嚴年代的台灣人民而言，這樣的噩夢還依稀記得，在中國則至今仍持續，也許可提供給部分熱中報導熊貓是否來台北，或者喜歡把捍衛新聞自由掛在嘴上的媒體人一些警覺，更值得部分高唱三通美夢的政治人物省思。

引燃《冰點》停刊的袁偉時專文，是一篇好文章，以歷史學者實事求是的態度，根據史料，探討當前中國中學歷史教科書充斥非理性意識形態的問題。袁偉時以中國教科書對火燒圓明園事件、義和團事件的評述為例，坦率指出這樣的教科書和中國年年抗議的日本教科書並無兩樣，「都對自己的近代史缺乏深刻的反思」；他更進一步批判中國的教育強調「中外矛盾，中國必對；反列強、反洋人就是愛國。在史料選擇和運用中，不管是真是假，有利中國的就用」，「天真純潔的孩子吞食的竟是變味乃至有意無意假造的丸丹」；並主張教科書應該「讓理

性、寬容內在化,成為中國人的國民性,以
利與各國人民和各種文化和諧共處」。

這樣理性的論述,導致一個刊物的停刊,
充分說明中國當局箝制新聞自由、壓制言論
自由,仍毫不鬆手。冰點事件之外,稍早還
有北京《新京報》總編輯因為批評當局遭到
撤換、《南方都市報》副總編輯因為處理新
聞「不當」遭到撤職、香港資深記者程翔因
「觸犯間諜罪及洩露國家機密罪」遭到逮
捕⋯⋯。這些打壓媒體,壓制言論和報導的
事例,共同指向一個事實:那就是中國當局
絕不允許媒體擁有報導的自由,絕不允許人
民有言論的自由,當然更不可能容許人民有
知的權利、有批評當局和政策的權利,更不
必說反對政府的權利了。

而這些,在台灣就像陽光、空氣和雨水
一樣觸手可及的,在中國卻像冰山,難以靠
近。冰點事件的爆發,鮮明地顯映了言論冰
山的存在。在可以聚集民眾指控總統「國
賊」的台灣;在可以揮舞五星旗、播放義勇

軍進行曲遊走台北的台灣，批評施政不當算什麼？批評教科書問題又算什麼？在進入二十一世紀已經五年多的中國，這樣做卻要付出身家性命的代價。此時此地的台灣人，用膝蓋想都該知道什麼是值得珍惜的、什麼是理當唾棄的。這是生活方式的重大差異，無關統獨，關乎腦袋。做為一個自主的人，擁有說話的權利？還是做為一個被剝奪思想言論自由的「人民」？台灣人的選擇，可以很簡單。三通也好、熊貓也好，沒有自由、民主、人權，一切免談。

深層地看，中國當局箝制新聞自由，不是誰當家的問題，而是體制問題。中華人民共和國憲法第三十五條明文規定「中華人民共和國公民有言論、出版、集會、結社、遊行、示威的自由」，但國務院發布於一九九七年二月的〈出版管理條例〉第二十五條則仍明列出版物不得含有的八項內容，對所有出版品進行內容管制，而台灣已經在一九九九年一月廢止整部〈出版法〉。《冰點》和其

他諸多媒體以及媒體人遭到壓制，根據的就是這樣的惡法。此外，還有結構問題，中國共產黨的手就在媒體內部，媒體必須做「黨的喉舌」，以傳揚黨的意識形態和政策為圭臬。媒體只能傳聲，不能辨位，新聞自由和言論自由，當然不獲保障。

看看以下的兩則訊息，更令人怵目驚心：

——總部設在法國巴黎的「無國界記者」組織，公布二○○五年全球新聞自由指數，中國排名倒數第九，朝鮮最後一名。

——召開於二○○五年的國際筆會通過決議，譴責中國政府「對中國知識份子尤其是網路異議者廣泛殘酷鎮壓」，指出至少有六十多位作家和新聞工作者繫獄，中國已成為「世界上最大的作家和新聞工作者監禁國」。中國的公檢法機關日益濫用刑法，任意加罪異議作家

「煽動顛覆國家政權」以壓制言論自由，任意加罪坦率的新聞工作者「洩露國家秘密」以壓制新聞自由。

為什麼《冰點》刊登一篇討論教科書的文章就被勒令停刊？根本原因在此。無國界記者組織、國際筆會譴責的，冰點事件暴露的，不過冰山一角。中國就是一座冰凍言論和思想的冰山，冰冷的政治之吻，乃是中國新聞工作者和作家必須面對的、並且隨時都會襲來的寵賜。

這是今天的台灣人民難以想像的，因此更值得台灣人民警覺。捷克前總統哈維爾於一九七八年發表的〈無權力者的權力〉，曾經點出共產國家共有的「後極權體制」特質：

後極權體制觸及個人生活的每個角落，但它是戴著意識形態手套的。在這體制中的人的生活，滿溢著虛偽與謊言：官僚政府叫做人民政府；工人階級在工

人階級當家作主的名義下遭到奴役；個
人地位的徹底淪喪被說成是人的最終解
放；剝奪人民的資訊被稱為開放；用權
勢駕馭人民說成人民掌握權力，濫用職
權說成遵守法制；壓制文化說成發展文
化；擴張帝國主義，說成對被壓迫民族
的扶助；毫無言論自由成為最高形式的
言論自由……

　　這些特質無一不繼續存在且適用於中國，
冰點事件的發生以及繼續發生，因此讓人憤
怒，卻不讓人奇怪。套用郭沫若寫於一九六
三年的〈滿江紅〉句「太陽出，冰山滴；真
金在，豈銷鑠？」如今紅太陽雖去，冰山依
然，更顯酷寒！曾為 TVBS 資本結構問題
在節目中大聲呼喊新聞自由的李濤，果能無
聲以對？台灣眾多喜歡報導中國熊貓新聞的
媒體，豈能默爾而息？

　　　　　（2006/02/12，自由時報「星期專論」）

49

向傾斜於政黨利益、分割國家認同的媒體說不

學者班納迪克・安德森（Benedict Anderson）在他的《想像共同體：民族主義的起源與散布》一書中指出，民族乃是「文化人造物」，它的建構「是從種種各自獨立的歷史力量複雜的『交會』過程中，自發地萃取提煉出來的結果」。儘管這個共同體的想像是有限的，卻是主權國家形成的來源，也是國家認同的基礎。

安德森的論述，值得注目的，不僅於國族想像的概念，還在於分析影響國族想像的三種動力來源：一是生產體系和生產關係（資本主義），二是傳播科技（印刷品），三是人類語言宿命的多樣性，這三種動力，互為作

用，形成「印刷語言」，因而促成新形式的想像共同體的產生，並為現代民族國家之登場搭好舞台。「印刷語言」是落實想像共同體、建構共同的國家認同的源頭。以當代最主要的「印刷語言」載具來看，非媒體莫屬。

若從媒體傳播的向度來看，媒體具有傳播文化最普遍和最根本的屬性，無論對於人類的生產或應用，都具備文化意義。傳播學者馬奎爾（Denis McQuail）認為，文化可以是個過程，也可以指涉「某些人類團體的共同屬性」，更可以指涉「由具有特定文化認同的人們，以特定的文化意義加以製碼的文本和文化產品，或者是為了那些具有特定文化認同的人們而產製的產品」。這段話也充分說明了大眾媒體對於型塑文化認同的力量，媒體促成了共同體的想像，也再製了共同的文化認同。

遺憾的是，當前台灣的媒體生態卻與此傾斜。從一九八八年報禁開放以來，迄今將近

可思議的現象之二；媒體也和一般百姓一樣
界定省籍族群，這是台灣媒體生態最不可思
議的現象之三──這和傳播學者或政治學者
所認知的，新聞媒體應該對民主政治發揮重
大社會功能的理想，已經背道而馳。這六年
來，我們看到的大眾媒體，多數逢扁必反、
逢綠必罵、逢台必譭，卻又誇稱是站在台灣
人民的一邊、正義的一邊。這些媒體忘掉
了，扁也好、綠也罷，最少擁有近半民意支
持；台灣認同更是高達七成以上。在政治
上，藍綠可以對決、統獨可以爭辯；但在媒
體的角色和責任上，他們沒有選擇藍綠或統
獨的權利，只有在報導中公平對待藍綠或統
獨的義務，因為這才是大眾媒體的本分。遺
憾的是，今天的台灣媒體，多數選了邊，部
分還靠了岸。他們渾然忘了媒體是「社會公
器」這樣簡單的道理。

更令人遺憾的是，媒體既然獨立於行政、
立法和司法之外，做為第四權，他們就應該
站在人民這一邊，善盡監督政府、國會與法

院（當然也包括政黨）的責任；他們應該站在
社會的這一邊，根據事實，進行報導，不夾
帶偏見、不隱藏真相、不扭曲事實；他們更
應該站在國家的這一邊，守護公眾，守護國
家，對於危害國家利益的新聞，必須有所節
制，對於有助於國家認同的新聞，必須多所
報導。用這三個要件檢視台灣當前的媒體，
我們就可知道哪些媒體是謹守客觀性、公正
性、準確性和倫理性的媒體，是人民的守護
者、國家認同的燃燈者。

　媒體被廣大閱聽人視為社會最主要的亂源
之一，這是所有媒體人共同的恥辱。如果媒
體人無法自省自修自律，媒體閱聽人就有必
要起來向傾斜於政黨利益、分割國家認同的
媒體說不。媒體存在的意義，在於保障公民
的傳播自由與知的權利，一旦媒體濫用這種
自由，閱聽人有權利向這類媒體說不。媒體
的可貴，在於獨立於政治力和經濟力之外，
為民喉舌，一旦媒體違反此一信念，相對地
就會影響大眾對於真相的認知、對於國家或

50

在自立台灣先後
停刊之後：

憂心以言台灣媒體生態的傾斜與錯亂

二〇〇一年十月三日，曾在國民黨戒嚴年代為台灣人民發聲，要求民主改革的《自立晚報》，在政黨終於輪替，台灣走向徹底民主的時刻，黯然停刊；二〇〇六年六月六日，接手自軍方，十年來堅持捍衛台灣主權與尊嚴的《台灣日報》，因為經營資金難以持續而宣布休刊。

這兩份為台灣人民說話、為台灣利益奮鬥的報紙，在短短五年內先後停刊，不能不讓人感到錯愕、憂心。兩份報紙在政黨輪替之後關門，從正面的角度看，足以證明民進

黨主政後不再掌控媒體，媒體不因其言論或立場受到保護或壓制，台灣已經擁有百分之百的新聞自由；從負面看，卻也凸顯了當前台灣媒體生態的失衡、傾斜與錯亂：為台灣發聲的媒體，顯然被具有高度政治狂熱卻缺乏深度文化思維的台灣社會所遺棄；台灣人民曾經熱血沸騰歡呼本土政黨取得政權，卻又冷眼看待為台灣發聲的喉舌倒嗓。今日台灣亂象之頻出，明日台灣前途之堪憂，一葉落，可知秋。

自立台灣瘖啞，聯合中國嗆聲，如今能夠在關鍵時刻表達台灣心聲、紀錄台灣真相的平面媒體只剩自由一家。面對這樣失衡的媒體生態，凡是關心台灣前途的人夜半醒來，用李前總統常說的一句話，想到都會睡不著！

自立台灣兩報相繼關門，表面上看，肇因於大環境惡劣，加上電子媒體搶攻閱聽市場，瓜分利潤，在資金取得不易下，雪上加霜。但若從深層結構言，實則隱藏報禁解除

後台灣媒體生態的「政經傾斜」特質。傳播學者馬奎爾（Denis McQuail）曾指出，真正對大眾傳媒發生作用的力量，一是賺錢的企圖，一是為了獲取社會中的權力拚搏；若就台灣的特殊政治環境，則還有另一個力量是這位西方學者無法想像的，那就是中國政治力和經濟力的介入。

中國經濟外力的介入，早在二○○三年就有資深媒體人楊士仁以〈中資介入台灣十七家媒體〉為題撰文揭布，引發各界廣泛討論，其後還爆發 TVBS 事件，至今仍未完全釐清，這是可見的影響，本文不贅。自立台灣兩報的關門，不全然只是媒體經營環境問題，還凸顯了當前台灣媒體生態和意見市場的失衡，象徵著強調台灣認同的媒體逐漸弱損，而強調中國認同的媒體則相對強項。這個傾斜現象如果持續以繼，無法求其平衡，做為一個不成其為國家的國家，台灣勢將難以抗拒中國當局以「一個中國」併吞台灣的洗腦和進逼。台灣今天存在的國家認同

分歧和族群矛盾，部分原因，乃是強調中國認同的媒體過多，而維護台灣主體性的媒體日少所致。

不談政治上的統獨或藍綠分野，純就媒體論述看，台灣多數媒體仍然持續威權年代國民黨的大中國意識形態，政權輪替之後，在野的國親新三黨又逐步靠向「一個中國」，更加深了媒體的「中國」想像，閱聽人耳濡目染，久而難辨中國與台灣的異同，以台灣做為國家認同對象、以民主自由做為最高價值的政治共同體，因此無法建立，從而導致台灣主體性的剝落，民主自由價值的脆弱，這不能不說也與中國當局「一個中國」意識形態滲透具有近親相依的關聯。

以最常見常聽的媒體用語為例，至今台灣媒體表述台灣，仍不稱「全國」而稱「全省」乃至直呼「台灣地區」；表述中國，仍不稱「中國」而稱「大陸」或「中國大陸」甚至使用「內地」；表述台中美關係，習慣使用「美中台」或「中美台」；香港已回歸

中國，媒體仍「中港台三地」說不停；媒體直呼自己的國家元首陳水扁總統為「陳水扁」或「阿扁」，連「先生」兩字都吝用，卻言必稱溫家寶為「國務院總理」或「總理溫家寶先生」。這樣的用語，不勝枚舉，顯映的正是媒體向中國認同的傾斜；這樣的用語，借用英國學者霍爾（Stuart Hall）的話，乃是意識形態在媒體及文化產製過程中的再現，媒體有意無意使用這類用語，將中國認同接合到台灣常民生活中，因此建構了悖離台灣國家認同的中國想像。

自立台灣兩報五年之內相繼停刊，真正值得台灣社會憂心之處在此。兩家俯首甘做台灣牛的媒體竟然無法繼續深耕台灣田，這是台灣人民的恥辱，也是國家前途的隱憂。環顧當前媒體生態，於今只餘《自由時報》堅持台灣優先理念，台灣人民再不知所珍惜，難保今日虛構的中國神話不會成為明日台灣真實的夢魘！

（2006/06/11，自由時報「星期專論」）

51

塗抹、扭曲、詆毀：

部分媒體如何看待台灣文史

　　由教育部「青少年台灣文庫」諮詢委員會策劃、國立編譯館主編的歷史讀本六冊，於二〇〇六年十一月下旬舉行新書發表會。這是繼文學讀本（十二冊）於二〇〇六年年初出版之後又一套為台灣青少年量身打造的文史讀物。年初的文學讀本詩、散文、小說各四冊，選輯自日治時期以降台灣新文學作家的代表性作品，以具有文學性、青少年性和台灣性為編選方針，收入作家兼具本土出生、以及戰後來台的新住民作家、族群，作品也兼顧日治時期的日文書寫、台語、客語和中文，有助於青少年了解台灣文學多元薈萃的風貌；而剛出爐的歷史讀本，則採

主題書寫，從台灣歷史人物、事件、史料構成主體，分別撰述，藉以呈現近代台灣歷史發展脈絡。兩套讀本的編法雖然不盡相同，協助、提供青少年朋友透過閱讀豐富文史視野，了解台灣圖像的用心，則是一樣的。

教育部策劃適合青少年閱讀的讀物，提供青少年課本之外的文史讀本，無論就教育、學術或推廣國民閱讀的社會目標來看，都是值得肯定的作為。長期以來，台灣受到過威權統治的言論與思想宰制，導致教育的僵化、死板和一元化，以灌輸意識形態和鞏固威權統治為目的，這是走過戒嚴年代的國人，不分藍綠、族群都親身體會過的慘痛記憶。這樣的政策貽害至今，仍未真正化解，其中較顯眼可見的有三：一是青年學子思想言論受到禁錮，無法接收多元思想的啟迪，導致欠缺獨立判斷的自主人格，民主價值至今難以真正落實；二是台灣的歷史、人文和記憶遭到壓抑、扭曲，虛妄的中國想像（遠離近代中國真實的中國想像）被塑造成一種不可

挑戰的神話，真實的台灣成為幻影、虛構的
中國成為真實，統獨論爭的干擾今日台灣，
良有以也；三是台灣內部族群的文化、語言
和創造性的藝術文學也因此被排拒於邊陲，
在所謂「中華文化」的巨大陰影之下，不被
認知、不被學習，原住民、客家文化的萎
縮，由此而來；不同族群（包括新住民）在這
塊土地上的流過的血汗、記憶和創造也因此
隱而不彰，族群之間的矛盾就在欠缺相互了
解之下形成。

　　文學讀本和歷史讀本的推出，是對於過去
教育餘毒的洗滌，讓我們的孩子們通過自主
的閱讀，分享不同文學家的創造性想像、了
解先民在這塊土地上不同年代走過的歷史跡
痕，掌握真實的台灣圖像。這就是「青少年
台灣文庫」真正可貴之處，這兩套書並非正
式課程教材，因此沒有灌輸意識形態的企圖
或作用；也非考試根據，因此也沒有箝制或
壓抑任何想像的權力施為或可能。在台灣的
文化工業已經受到商業機制的掌控此際，這

兩套文庫的推出，最少足以讓青少年的閱讀機會和領域有所選擇、有所拓展，從而認知自己腳踏的土地、生身的台灣，她的過去、現在，引發開創台灣未來的願景。

遺憾的是，這兩套書前後兩次發表，都遭到部分媒體的扭曲解讀和有意無意的錯誤詮釋。文學讀本年初推出時，因為新詩讀本收錄李勤岸台語詩〈海翁宣言〉，其語言使用漢文、羅馬字並用方式呈現，遭媒體以「比火星文還難懂」譏之，並以此質問教育部長；這次歷史讀本六冊推出，媒體又以其中李筱峰教授編寫的《唐山看台灣：二二八事件前後中國知識份子的見證》大作文章，說其中充滿政治性語言、情緒，因此整套歷史讀本都屬台獨學者論述。媒體記者也是知識份子，受過高等教育，在面對自己可能不熟悉或仍有待了解的領域之際，應該仔細讀完這些讀本，再作評價；若因趕稿沒有時間，最少應該請教該領域專業人士就這些疑問之處有所釐清，再進行報導。然則，前有對文

學讀本的譏諷，後有對歷史讀本的扭曲，這
不但凸顯了報導者的偏頗，實際上也反映了
缺乏專業訓練和對台灣文學、歷史的無知。
媒體從某個層面來看，不僅是社會公器，也
是意識形態機器，其扭曲報導在專業上是必
須受到檢討的。

　　以李筱峰編的《唐山看台灣》為例，這
本書蒐集二二八前後曾經到過台灣的中國記
者、作家、學者以及軍官的言論、文獻，加
以彙編整理，讓這些當年親歷台灣二二八事
件的第三者的見證，如實呈現出來，李筱峰
更在該書導言中強調這是史料彙編，藉以讓
讀者了解當時的中國來台人士如何看待二二
八事件。只要媒體記者花十分鐘時間讀完該
書導言、目錄，就會發現這本書並非編者的
論述，而是史料的呈現，一如記者的「有聞
必錄」，提供文獻、滿足讀者「知的權利」，
與媒體記者扮演的角色一樣。書中章節篇名
「政治腐敗，接收變劫收」、「經濟逆退光復
變貧窮」、「軍紀敗壞官兵變強盜」、「文化隔

閩祖國變阿山」、「大軍壓境精英變亡魂」等都來自文獻，與報紙編輯根據新聞稿下標題亦無不同。身為媒體人，看到這些見證字眼而色變，其歷史和新聞專業素養恐怕都有提升空間。更何況這些媒體還忽略了二二八之外，歷史讀本尚有呈現台灣客家文化的《藍布衫、油紙傘》、記載加拿大傳教士馬偕行誼的《來自遙遠的福爾摩沙》，及描寫一九二零年代台灣文化運動的《狂飆的年代》等書，全部冠以「台獨歷史學者論述」，更顯見媒體對其自身專業尊嚴的踐踏。

有這樣的媒體，台灣的歷史、當代的記憶，要不被塗抹、扭曲、詆毀也很難！

（2006/12/03，自由時報「星期專論」）

52

歌聲動天，撼動不了
殘餘的政治邪靈

二二八事件六十週年紀念活動在萬人大合
唱的歌聲中展開，「台灣」的歌聲嘹喨地響
徹凱達格蘭大道。六十年的歲月已然過去，
死者無法復生、傷者猶留疤痕，受難者的家
庭、親屬在漫長歲月中吞忍冤屈、受盡現實
折磨的傷痛也仍未盡平復。「台灣是生咱的
所在」的歌聲、「伊是咱的寶貝」的吟唱，
道盡了當天參與者的心願，也唱出了六十年
來為這塊土地生、為這塊土地死的所有台灣
人共同的心聲。

這樣的虔心祝禱，這樣的萬眾同聲，已經
許久不見於凱達格蘭大道，許久不見於台灣
了。可還記得二〇〇四年的二二八，有兩百

萬台灣人站出來，北從基隆和平島，南迄屏東昌隆村，手牽手，連成一條長達五百公里手環長城的盛況；可還記得當時前後任總統手牽手，面對中國威脅毫不怯懦的堅定——這是用心愛台灣的具體彰顯，也是用愛寫歷史的明確承諾，一如當年李前總統所說，這是台灣人民認同台灣、拒絕中國的再次確定，是「台灣歷史上最令人感動的時刻」。這樣的心，這樣的信念，使得陳呂正副總統終能繼續連任。人民的力量，超越政治動員，台灣的心，使得當時面對國民黨強大挑戰力量的民進黨得以繼續執政。

三年前紀念二二八，是由台灣人民一步一腳印、雙手一條心展現出來的力量；三年後紀念二二八，雖然改由歌詩吟唱取代手腳實踐，也同樣展現了台灣人追求民主、和平和公義的高昂意志。三年前的二二八行踏，已經看不到仇恨，看到的是不同族群共同捍衛台灣的決心；三年後的二二八吟唱，當然更不可能挑動族群、利用仇恨。二千三百萬人

都同時看到，並且都當下見證二二八紀念活動本質上的愛與和平的精神，沒有口號、沒有政治動員，沒有「打倒」「推翻」這些違反民主義理的煽腥用語、情緒。

然而，在台灣這塊土地上依靠台灣人民信賴才能生存的部分媒體，居然使用諸如「利用族群獲取政治利益」、「二二八已成政客提款機」的斗大標題，以及類似「充滿政客的二二八」、「口水紀念歷史」、「挑起族群傷口」等等似是而非的語詞，試圖貶低並且轉移解決二二八問題的焦點，導向凡是談二二八就是「心有仇恨」、凡是要求追究元凶就是「踐踏外省族群尊嚴」、凡是要求兩蔣「移靈」就是「挑動族群對立」等等謬詞……。這些荒謬用語，都指向二二八紀念活動「不能放掉仇恨」、「顯然狹隘偏激」的語義。

這類媒體的語義邏輯很簡單：過去都已過去，不必再提；獨裁統治是當年歷史的不得不然，必須加以原諒。所以凡是提及二二

八事件的傷痕，就是今天傷害族群和諧的政客；凡是要求追究當年元凶首禍，就是不敢面對歷史、意圖利用二二八奪取政治利益的政客。這是多麼可笑而又可惡的邏輯。從語義上看，不要傷害族群和諧、不要利用二二八作政治工具，當然都是對的，所以二二八不能談、不要紀念，元凶也不宜追究，也就被巧妙合理化了。一般人民耳濡目染媒體，習焉久而不察，多半會接受這樣的論調。是非、正義和歷史，就這樣被混淆了。

實際上，不面對二二八傷痕，死難者冤屈無法平反、怨恨難以清澄，這正是過去威權年代壓抑民主的惡行，是因為這個獨裁惡行，方才導致本省外省族群相互仇恨，迄今難以化解；不釐清真相、追究元凶，科以國法，這也正是威權年代湮滅歷史、為獨裁領袖假造神話的遺毒，是因為這種領袖神話遺毒，方才導致二二八真相難明，而國法遭到踐踏，是非正義因此沉淪。

二二八過去六十年了，六十年的苦難並未

獲得徹底洗滌；獨裁者殘餘的邪靈卻仍然盤
據這塊土地，不肯散去。這才是今天台灣二
千三百萬人必須共同承擔的問題——和平的
降臨，依靠正義彰顯；正義的彰顯，有賴國
法衡平。二二八事件的徹底解決，因此必須
從依照國法制裁元凶做起，不依國法衡平，
正義無以彰顯；正義不彰，則和平無望。這
非關族群問題，也和政治口水扯不上關係。
這是我們這個進入民主法治年代的社會，面
對歷史最素樸的作為，面對公義最理性的實
踐。紀念二二八六十週年，萬人合唱的歌
聲，強調愛與和平的信念，都真誠十分、讓
人感動。但歌聲固然可感，媒體依舊有辦法
加以扭曲，看來還是無法撼獨裁政權殘餘的
邪靈一根汗毛，唯有根據事實，早日釐清二
二八真相，依據國法，追究事件元凶刑責，
才能徹底清除政治邪靈，讓族群問題不再無
風起浪，還正義、是非、和平予台灣。

（2007/03/04，自由時報「星期專論」）

53

媒體面對公眾，捫心
豈能無愧？

我們不支持任何黨派，以避免成為一黨
一派的御用刊物。我們不理會任何選
舉，由總統乃至警員的任何候選人，我
們都同樣對待。我們將對有關公共事務
的報導僅限於事實的紀錄。

這是一八三五年五月六日，由美國報人
詹姆斯·班奈特創辦《紐約前鋒報》（*New
York Herald*）時宣示的報業理想。「報導事
實」，做為媒體理念，使該報一年之後就脫
離小報行列，也使當時美國甚囂塵上的黨派
報紙黯然失色。

六十一年後，一八九六年八月十九日，美國報人阿道夫・奧克斯買下《紐約時報》（*The New York Times*），在接辦宣言中聲明：

《紐約時報》要用簡明動人的方式，用文明社會莊重的語言，提供所有的新聞——即使不能比其他可靠途徑更快地提供新聞，也可一樣快；要不偏不倚、無私無畏地提供新聞——不論涉及任何政黨、派別和集團的利益，要使《紐約時報》成為探討一切與大眾有關的重大問題的論壇，並為此目標廣邀各不同見解的人參加明智的討論。

這兩份媒體宣示，距今一百多年，但依然擲地有聲。以兩報報名命名的前鋒廣場和時報廣場互相輝映，至今仍是紐約重要的地標。

這兩份媒體所處的時代並不相同，走向也不完全一致，但都同樣強調媒體不為黨派所用，要為公眾提供事實。這正是媒體做為第四權的可貴之處。

但更可貴的是，不是只有堂皇的宣言而已，媒體更必須實踐對公眾的承諾。以《紐約時報》為例，最著名的例子，就是二〇〇三年該報爆發「兩布事件」，一是黑人記者布萊爾編造獨家新聞，計有三十六篇捏造、抄襲以及不符事實的報導；二是該報曾獲普立茲獎的名記者布拉格，冒用實習記者採訪佛羅里達州某一城鎮的報導，遭居民揭穿。事發之後，該報立即在頭版刊登長達七千五百字的文章，自揭醜聞，向讀者道歉，總編輯、執行總編輯辭職下台；此外，又隨即召開六百餘人編輯部員工開會，進行徹底檢討，並組成包括報社外部資深媒體人在內的特別調查委員會，調查與檢討編採問題。

《紐約時報》為什麼要自曝其短？不負責採訪的總編輯為什麼要下台？原因很簡單，

事關媒體格調和尊嚴，媒體不能說的跟做的不一樣，不能造假、欺騙公眾，因此必須勇敢面對錯誤，告訴公眾「我們造假，我們錯了」，才能挽回公信。即使如此，造假事件仍使《紐約時報》百年聲譽大幅滑落，迄今難以完全回復。

對照目前仍餘波未息的 TVBS 新聞造假事件，以及該台的處置方式，聰明的讀者，請問您，您看到兩者有何不同之處？

也許您會說，看不出有什麼不同？兩名記者已被開除；新聞部總監、副總監已離開新聞部；李濤也在 NCC 裁罰處分後辭去總經理、李四端則已專任原副總經理職——而且該台都道歉了，播報造假新聞的不只一家，只有 TVBS 道歉，很不錯了。台灣畢竟不是美國，TVBS 畢竟不是《紐約時報》……

如果您這樣想的話，答案就在您的想法中。

一、《紐約時報》不待監督單位提出裁罰、社會輿論譴責，立刻處理問題，記者離

職、總編輯下台、公布造假過程、道歉，明快俐落，毫不含糊。TVBS 剛好相反，事件爆發後，該台游移等待，靜待社會反應，分成三波處理：一開始對待基層記者，不待申覆，立即革職，上層不動如山；等 NCC 做出裁罰決定後，才把主其事的新聞主管調離現職；等到風波加大，才由董事會「勉予同意」總經理辭職、副總經理免兼主持。上層損失小利，責任記者全扛，新聞造假過程隱晦不清。這樣的處置，果然不一樣。媒體格調，由此可見；道歉與反省誠意如何，由此可見。

二、《紐約時報》召開全體新聞部編採人員開會自我檢討，訂定自制公約，組成特別調查委員會，檢討內部管控問題，進行補救。TVBS 則反其道而行，先由當時尚未辭職的李濤在主持節目中引導來賓導向所謂「政治迫害」；等 NCC 裁決一出，又導向所謂「介入媒體」，準備提出抗告。這樣的TVBS，果然也和坦蕩磊落的《紐約時報》

不一樣。不面對自身「新聞造假」，卻檢討外部「政治迫害」，這會是值得您信賴的新聞媒體嗎？

媒體各有立場，可以理解，不必以客觀這種高標加以要求；媒體也是人辦的，不可能不犯錯，不能說犯了錯就罪不可赦。但媒體必須報導有根據的事實，要有事實才做報導，犯了錯就真誠道歉、確實檢討，才能重獲公眾信靠。TVBS 新聞造假事件，已使媒體公信和媒體人尊嚴都遭受莫大傷害，止謗莫如自修，身為資深媒體人的李濤，未能在第一時間扛起責任，坦然辭職，事發迄今還繼續主持標榜公理正義，實則黨派色彩鮮明的「2100 全民開講」，面對公眾，捫心豈能無愧？

（2007/04/08，自由時報「星期專論」）

54

「起而行」不如
「坐而言」：

有所期於台灣論政文化的再起

國史館二○○七年十一月二十九、三十
兩天在國家圖書館舉辦「戰後檔案與歷史研
究」討論會，針對戰後重要的檔案進行深入
探討，希望通過學術研究釐清、重建戰後台
灣歷史真相，檢討台灣從威權統治轉型為民
主政治的歷程。我因為研究雷震與《自由中
國》，應邀發表論文，好幾個晚上，重新翻
閱《自由中國》半月刊，以及五年前國史館
根據國防部移交的雷震案檔案，以《雷震案
史料彙編》系列為名所出版的《國防部檔案
選輯》、《雷震獄中手稿》、《雷震回憶錄焚毀

案》、《黃杰警總日記選輯》，和四年前我為
遠流出版公司校註的《雷震回憶錄之新黨運
動黑皮書》。面對泛黃的雜誌、官方檔案，
以及我曾在無數個夜晚苦心校對、註解的雷
震手稿，在冷凝的燈下，想到當年雷震以其
對民主自由與人權的信仰、無懼兩蔣威權，
透過《自由中國》反對蔣介石違憲三連任、
要求政黨政治、籌組反對黨，最後被捕，遭
蔣介石親自指揮法院辦案，處以十年徒刑的
論政風骨，對照今日台灣論政文化的消沉，
更覺史料斑駁，寒氣逼人。

　　《自由中國》創刊於一九四九年十一月二
十日，迄今將近一甲子；雷震被捕於一九六
○年九月四日，迄今也有四十七個年頭。從
擁蔣而創辦《自由中國》，宣揚民主反共，
到貫徹民主理念，反蔣、組黨而下獄，雷震
個人雖然因此遭逢人生最嚴苛的劫難，卻為
戰後台灣的民主發展產生了深遠的影響，也
為戰後台灣的政論文化奠定了基礎。雷震案
發生的原因，如今已因為蔣介石在公文上的

批示而真相大白，雷震在台灣人民心中被紀念，當年的獨裁者則躺在冰冷的石棺之中；軍法判決成為政治犯的褒揚令，「手諭親批」則成為獨裁者為自己預留的證書。這就是歷史的嘲諷與審判，它來之也晚，卻絕不含糊。雷震案如此，美麗島事件如此，戒嚴年代眾多政治案件，無不如此。在轉型正義尚未付諸實現之前，這或許是所有曾遭受白色恐怖政權加害的受難者稍可告慰之處吧。

做為一份追求自由與民主真實價值的媒體，《自由中國》見證了一九六〇年代的台灣政治生態，也引領了隨後而來浩浩蕩蕩的台灣民主潮流。在反共的年代，它因反共而生，卻為落實民主而死。總計十一年二六〇期的《自由中國》，為了軍隊國家化、民主憲政、言論自由、司法獨立和基本人權等議題而吶喊。在國民黨箝制新聞自由和言論自由之際，它寧鳴而死；在蔣介石佯稱「俯納民意」以為祝壽之時，它果然不默而生；它

反對獨裁者違憲連任，它主張要有一個「強
而有力的反對黨」，即使被蔣經國以「思想
毒素」發動黨政軍特和媒體進行瀰天蓋地的
「總攻擊」，也不為所動；最後更在雷震主
導下，串連台灣本土政治領袖籌組「中國民
主黨」──這一切的作為，目的只有一個，
就是要讓台灣脫離獨裁統治，邁向民主、自
由、人權三者兼具的正常國家。當年雷震和
《自由中國》撰述群、「中國民主黨」籌組
菁英的夢，如今多已實現。從《自由中國》
到《美麗島》，從「中國民主黨」的籌組到
「民主進步黨」的成立，這一連串的雞鳴，
方才叫醒了台灣的天。筆的力量，有時勝於
劍或槍彈。

　遺憾的是，類似《自由中國》、《美麗島》
等這類知識分子論政刊物，在台灣終於走上
民主之路之後，反而漸趨沉寂、萎縮。除了
少數政治新聞雜誌仍持續發行之外，我們已
經看不到像《自由中國》這樣不以新聞而

以評論見長的刊物。政治文化論述的不再／不在，無寧是我們這個民主轉型尚未徹底完成的社會的損失。今天的台灣，坐而言的知識分子過少，起而行的政治人物太多，造成了以零碎議論為宗、匱乏縝密論述的論政模式，以及以選舉語言取勝、政治口號喧天的參政文化——或者反過來說，零碎議論、選舉語言的風行，也導致了理性論政模式和實踐參政文化的退縮？

比較起五〇年代的《自由中國》，七〇年代以《美麗島》為首的黨外雜誌群，以及解嚴前後澄社、台教會等知識分子論述書刊的存在；進入二十一世紀的台灣，在藍綠惡鬥、國家定位不明的混亂時局中，風雨晦暝，人心難安，怎會反而聽不到轟天之雷、晨雞之鳴？雷震和《自由中國》為抗鬥獨裁統治奮不顧身、黨外年代《美麗島》等雜誌群為爭取台灣民主前仆後繼的典範長昭，香火則有待續燃。不以政治的一時勝敗、個人進退為慮，而以台灣的長治久安、國家發展

台灣國民文化運動

【新國民文庫】出版基金

主催：黃文雄（Ko Bunyu）

計劃：本著台灣精神‧台灣氣質意旨，五年內將出版100本台灣主體意識、國民基本智識、及文化教養啓蒙書。

參與贊助基金：每單位日幣10萬元、或美金1千、或台幣3萬以上。

贊助人權益：基金贊助人名單將於每本新國民文庫叢書上登載。並由台灣國民文化運動總部製頒感謝狀一幀。贊助人可獲台灣國民文庫陸續出版新書各 1 部，享再購本文庫及前衛出版各書特別優惠。

日本本舖：黃文雄事務所

〒160－008日本東京都新宿區三榮町9番地

Tel：（03）33564717　Fax：（03）33554186

e-mail：humiozimu@hotmail.com

台灣本舖：前衛出版社

11261台北市關渡立功街79巷9號

Tel：（02）28978119　Fax：（02）28930462

e-mail：a4791@ms15.hinet.net

國家圖書館出版品預行編目資料

起造文化家園 / 向陽著. -- 初版. -- 臺北市：
　　前衛，2008. 03
　　320面；17x11.5公分

　　ISBN 978-957-801-581-4（平裝）

078　　　　　　　　　　　　　　　　97002704

起造文化家園

著　　　者　向　陽
責任編輯　周俊男
電腦排版　葳豐企業
出 版 者　台灣本鋪：前衛出版社
　　　　　11261 台北市關渡立功街 79 巷 9 號
　　　　　Tel: 02-28978119　Fax: 02-28930462
　　　　　郵撥帳號：05625551
　　　　　E-mail: a4791@ms15.hinet.net
　　　　　http://www.avanguard.com.tw
　　　　　日本本鋪：黃文雄事務所
　　　　　humiozimu@hotmail.com
　　　　　〒日本國東京都新宿區三榮町 9 番地
　　　　　Tel: 03-33564717　Fax: 03-33554186
出版總監　林文欽 黃文雄
法律顧問　南國春秋法律事務所 林峰正律師
出版日期　2008 年 3 月初版一刷
總 經 銷　紅螞蟻圖書有限公司
　　　　　台北市內湖舊宗路二段 121 巷 28.32 號 4 樓
　　　　　Tel: 02-27953656　Fax: 02-27954100

©Avanguard Publishing House 2008
Printed in Taiwan　　　　　　　ISBN 978-957-801-581-4

　　　　　　　　　　　　定　價　新台幣 250 元